CONVIVIENDO CON LA ENFERMEDAD MENTAL

Mildred González

CONVIVIENDO CON LA ENFERMEDAD MENTAL

Mildred González

Dedicatoria

Para todos aquellos que han enfrentado la difícil realidad de la enfermedad mental en sus familias, especialmente a los cuidadores que, día tras día, ofrecen su amor incondicional. Este libro es una ofrenda desde el corazón, con la esperanza de que en estas páginas encuentres un reflejo de tus propias luchas y, más importante aún, una fuente de fuerza y comprensión.

El camino puede ser arduo, pero deseo que esta historia te acompañe y te recuerde que, incluso en los momentos más oscuros, el amor y la resiliencia pueden iluminar la senda.

Con todo mi cariño y gratitud,

Mildred González

Introducción al Lector

Este libro surge de un profundo deseo de explorar las complejidades del amor y la resiliencia en circunstancias sumamente desafiantes. A lo largo de estas páginas, se narra una historia que refleja las realidades que muchas familias enfrentan al convivir con la enfermedad mental. No es solo una historia de desafíos y luchas, sino también de pequeñas victorias, de momentos de luz en medio de la oscuridad, y del poder transformador del amor incondicional.

Quiero invitarte a sumergirte en esta historia, con la esperanza de que encuentres en ella un espacio de reflexión, consuelo, y, sobre todo, esperanza. A medida que avances en cada capítulo, mi deseo es que estas palabras resuenen en ti, recordándote que, incluso en los momentos más difíciles, el amor puede ser un faro que guía y sostiene.

Este libro ha sido concebido no solo como una historia, sino también como una fuente de reflexión y guía para quienes enfrentan situaciones similares. A lo largo de estas páginas, se exploran temas profundos como el amor incondicional, la resiliencia frente a la adversidad, y la importancia de cuidar tanto de uno mismo como de los seres queridos.

Al final del texto, he dejado algunas páginas en blanco para ti, querido lector. Estas hojas están aquí para que puedas anotar tus pensamientos, reflexiones, y cualquier idea que te haya inspirado durante la lectura. Te invito a usar este espacio para capturar lo que más te haya impactado, las lecciones que quieras llevar contigo, o los compromisos personales que decidas tomar a partir de lo que has leído.

Este viaje está dedicado a todos aquellos que han sentido el peso de la adversidad y han encontrado en el amor la fuerza para seguir adelante. Si alguna vez te has sentido solo en tu lucha, espero que estas páginas te acompañen, te reconforten, y te ofrezcan una nueva perspectiva. Aquí, en estas líneas, no estás solo en este trayecto.

Índice

Dedicatoria................................5

Introducción al Lector........................7

Prólogo.............................13

Capítulo 1: El Inicio del Viaje

de Giannina..........................15

Capítulo 2: Las Sombras de la Realidad....31

Capítulo 3: Las Dualidades de la Vida

Familiar 49

Capítulo 4: La Realización del Propósito...63

Capítulo 5: La Ausencia de una Madre.....73

Capítulo 6: La Carga de Tatiana 85

Capítulo 7: La Tragedia de Flor 93

Capítulo 8: Superando los Límites

del Dolor 101

Capítulo 9: El Despertar del Amor

Incondicional............................111

Capítulo 10: La Aplicación del Amor

Incondicional............................121

Capítulo 11: La Fortaleza del Corazón 129

Capítulo 12: El Legado del Amor 139

Capítulo 13: El Final del Viaje, El Inicio de una Nueva Vida 149

Conclusión: Conviviendo con la Enfermedad Mental: 159

Epílogo 161

Conclusión: 169

Cuestionario de Autoanálisis para Descubrir 175

Cuestionario de Autoanálisis 179

Espacio para tus Reflexiones 183

Tu Diario de Reflexiones 185

Tus Notas y Reflexiones 189

Para Escribir tu Propia Historia 193

Agradecimientos 197

Sobre la Autora 201

Prólogo

El Poder del Amor Incondicional

La vida, con todas sus vueltas y desafíos, a menudo nos enfrenta a pruebas que parecen más grandes de lo que podemos soportar, especialmente cuando la enfermedad mental toca a nuestras puertas. Este libro es un reflejo de esas luchas silenciosas y de cómo, en los momentos más oscuros, el amor incondicional puede emerger como la fuerza más poderosa y transformadora.

A través de estas páginas, se cuenta una historia que no solo aborda los desafíos, las pérdidas y los momentos de desesperanza, sino también cómo, en medio del dolor más profundo, el amor puede ser el ancla que nos mantiene a flote. Es un viaje que explora el abismo de la vulnerabilidad humana, y cómo, desde ese lugar de dolor, surge una luz que no solo ilumina el camino, sino que también ofrece calidez y consuelo.

Este libro está dedicado a quienes han sentido el peso de la vida volverse insoportable, y sin embargo, han encontrado en el amor un motivo para seguir adelante. Cada palabra aquí escrita busca resonar con aquellos corazones que han conocido el sufrimiento y, a pesar de todo, siguen creyendo en el poder redentor del amor. Que estas páginas sean un bálsamo, un recordatorio de que, incluso en medio de la tormenta, el amor puede ser el faro que guía y el refugio que protege.

Capítulo 1:

El Inicio del Viaje de Giannina

El Mundo de Giannina

Hola, soy Giannina. Tengo cinco años y vivo en un mundo donde todo es color y alegría. Mi casa es morada, con ventanas blancas que siempre están abiertas para dejar entrar la luz del sol. Este color siempre me ha parecido especial, como si la casa misma guardara secretos de un pasado mágico. Afuera, hay un jardín lleno de flores de todos los colores que puedas imaginar, y mariposas que vuelan libres entre los árboles frondosos. A veces, me gusta pensar que las mariposas son pequeñas hadas que vigilan nuestro hogar, asegurándose de que siempre haya un toque de magia en cada rincón.

Mi muñeca Gigi es mi compañera inseparable. La llevo a todas partes, y juntas compartimos secretos que nadie más conoce. Gigi tiene un vestido de encaje que le hizo mi tía Vanessa, y siempre está lista para escuchar mis pensamientos y acompañarme en mis aventuras. Aquí en mi pequeño mundo, todo es perfecto, como un cuento de hadas que nunca termina.

A lo largo del año, las estaciones transforman el jardín de la casa morada, pero para mí, siempre es un lugar mágico. En primavera, el aire se llena del perfume de las flores, especialmente de los rosales que mi abuelo Sebastián cuida con tanto esmero. Él dice que las rosas son como nuestra familia: hermosas, pero con espinas que hay que manejar con cuidado.

En verano, cuando el calor aprieta, mi tía Vanessa me pone un sombrero grande y me lleva al pequeño estanque que tenemos en el fondo del jardín. Me encanta observar a los peces de colores nadar despreocupadamente, mientras el sol refleja destellos en el agua, como si intentara contarme un secreto.

El otoño trae consigo una alfombra de hojas doradas que crujen bajo mis pies. Es mi estación favorita, porque el aire fresco parece estar lleno de posibilidades. Mi tío Lorenzo y yo salimos a recoger castañas, y aunque él está más callado de lo habitual, sus ojos se iluminan con un destello de alegría cuando encuentra una castaña perfecta.

En invierno, la casa morada se convierte en un refugio cálido. El frío se queda afuera mientras nosotros nos acurrucamos junto a la chimenea. Mi tía Vanessa me envuelve en una manta tejida por ella misma, y mi abuelo

Sebastián me cuenta historias de cuando él era joven. En esos momentos, el tiempo parece detenerse, y siento que nada malo podría suceder.

Las Sombras en el Hogar

Sin embargo, desde que era muy pequeña, empecé a notar que no todos en mi familia vivían en ese mismo mundo colorido que yo. Mi primo Mateo, por ejemplo, siempre parecía estar atrapado en una tristeza profunda, mientras que mi tío Carlos sufría de episodios de pánico que lo dejaban paralizado de miedo. Mi prima Tatiana, en cambio, se obsesionaba con la limpieza, pasando horas lavando sus manos hasta que la piel se enrojecía, mientras que mi tía Silvia parecía vivir en un estado constante de alerta, como si algo terrible estuviera siempre a punto de suceder.

Recuerdo la primera vez que noté algo extraño en mi primo Mateo. Fue un día de verano, cuando el sol brillaba con fuerza y yo estaba ansiosa por salir a jugar al jardín. Fui a buscar a Mateo a su habitación, esperando encontrarlo listo para correr conmigo bajo el cielo azul. Pero cuando abrí la puerta, lo encontré sentado en la cama, con la mirada perdida en el suelo. Parecía que el sol no llegaba hasta él, como si estuviera rodeado de una sombra que solo él podía ver.

Mateo, ¿quieres venir a jugar?" le pregunté, intentando que su tristeza se desvaneciera con mi entusiasmo. Pero él solo sacudió la cabeza y murmuró algo que no pude entender.

En ese momento, sentí una punzada de miedo en mi corazón. ¿Por qué Mateo, que siempre había sido tan alegre, ahora parecía tan distante? Esa fue la primera vez que me di cuenta de que algo estaba cambiando en mi familia, algo que yo no podía controlar.

Mi Gran Familia

Mi familia es grande y maravillosa, llena de personas que me aman y cuidan de mí. Vivo con mi tío Lorenzo y mi tía Vanessa, que me cuidan como si fuera su hija. Tía Vanessa siempre tiene una palabra amable, un abrazo cálido, y me hace sentir segura, incluso cuando el mundo parece un poco confuso. Tío Lorenzo, aunque a veces está serio, también tiene un lado tierno que me muestra cuando me cuenta historias antes de dormir.

Un día, mientras estábamos todos en la sala, mi abuelo Sebastián sacó un álbum de fotos antiguo. Lo abrió con cuidado, como si estuviera manejando un tesoro, y comenzó a mostrarme imágenes de cuando era joven.

"Este soy yo cuando conocí a tu abuela Isabella," dijo con una sonrisa nostálgica. En la foto, él estaba vestido con un elegante traje, y mi abuela, con un vestido blanco, sonreía con una felicidad que parecía iluminar la imagen.

Nos conocimos en un baile, ¿sabes? Ella era la mujer más hermosa de la sala, y yo, un joven nervioso que no sabía bailar, añadió con una risa suave. Pero cuando la vi, supe que tenía que invitarla a bailar, aunque fuera lo último que hiciera.

Me encantaba escuchar esas historias, porque me transportaban a un tiempo que parecía lejano y lleno de encanto. Cada vez que mi abuelo hablaba de mi abuela, lo hacía con un amor que trascendía el tiempo, y eso me hacía sentir más conectada con la historia de mi familia.

Las Primeras Dudas

A veces, mi mundo mágico se rompe un poquito, como cuando escucho a la vecina decir que nuestra familia está "maldita". Esa palabra me asusta, aunque no entiendo su significado completo. No entiendo lo que eso significa, pero duele. Duele en un lugar profundo de mi corazón, un lugar que no sabía que existía, y no sé cómo hacerlo desaparecer. La palabra "maldita" resuena en mi mente como un eco oscuro, y en esos momentos, mi mundo de colores pierde un poco de su brillo.

Una tarde, mientras jugaba en el jardín, escuché a dos vecinas hablando en voz baja al otro lado de la cerca. "Esos de la casa morada... Siempre han tenido problemas. Dicen que están malditos," murmuró una de ellas.

Me congelé en mi lugar, con una flor a medio arrancar en la mano. El corazón me latía con fuerza en el pecho, y un nudo se formó en mi garganta. ¿Por qué dirían algo así sobre mi familia? Me sentí confundida, asustada, y más sola que nunca.

Corrí al interior de la casa, buscando consuelo en mi tía Vanessa. Pero cuando la encontré, ella estaba ocupada con mi primo Mateo, tratando de consolarlo mientras él lloraba sin razón aparente. Me detuve en seco, sintiendo que no podía cargarla con mis miedos. En lugar de eso, me escondí detrás de las cortinas, abrazando a Gigi con fuerza, deseando que las palabras que había escuchado desaparecieran de mi mente.

Un Paseo por la Casa Morada

A medida que recorro los pasillos de la casa morada, me detengo en cada rincón, observando los detalles que me rodean. Las paredes están llenas de fotos antiguas, imágenes de un tiempo en que todo parecía más simple. En las fotos, mi familia sonríe, y por un momento, puedo imaginar cómo eran las cosas antes de que llegara la tristeza. Pero a pesar de las sonrisas en esas fotos, sé que hay algo que pesa en el aire, algo que no puedo entender del todo. Es como si la casa misma guardara secretos que no estoy lista para descubrir.

En una de las paredes del pasillo principal, hay un reloj de péndulo que ha estado en la familia durante generaciones. Cada vez que paso por allí, me detengo un momento para ver cómo el péndulo oscila de un lado a otro, marcando el tiempo con su constante tic-tac. Me pregunto cuántas veces mi abuelo lo ha dado cuerda, cuántos momentos importantes ha presenciado en su existencia silenciosa.

Me encanta el sonido del reloj, porque es algo que nunca cambia, algo que siempre está allí, marcando el ritmo de nuestra vida. Pero a veces, en las noches más oscuras, cuando la casa está en silencio y todos duermen, el tic-tac del reloj suena más fuerte, como si estuviera contando algo más que el tiempo. Como si estuviera contando los secretos que la casa morada guarda en sus entrañas.

Las Primeras Señales

Un día, mientras jugaba en el jardín, vi a mi primo Mateo sentado solo, mirando al suelo. Su sonrisa habitual había desaparecido, y cuando me acerqué a preguntarle qué le pasaba, solo me miró con ojos tristes y me dijo que no sabía. Fue la primera vez que vi la sombra de lo que estaba por venir. No entendía por qué Mateo, que siempre había sido tan alegre, ahora parecía estar atrapado en un lugar oscuro. Su tristeza me asustó, porque era diferente a todo lo que había visto antes. En ese momento, sentí que algo estaba cambiando, que mi mundo mágico no era tan invulnerable como había creído.

Después de ese día, empecé a observar a Mateo más de cerca. Noté que ya no se unía a los juegos en el jardín, que pasaba más tiempo encerrado en su habitación, con la puerta entreabierta, como si quisiera que alguien lo viera pero no se atreviera a pedir ayuda. A veces, cuando creía que nadie lo veía, lo encontraba mirando al vacío, con una expresión que me rompía el corazón.

Quería ayudarlo, pero no sabía cómo. Así que una tarde, llevé a Gigi a su habitación y se la ofrecí. "Gigi siempre me hace sentir mejor," le dije, esperando que él aceptara mi pequeña muñeca como un amuleto contra la tristeza.

Mateo la tomó con una sonrisa débil, pero la dejó a un lado en la cama, como si no tuviera la energía para jugar. Fue en ese momento cuando comprendí que su tristeza era algo que yo no podía curar con un simple gesto, que era algo mucho más profundo y aterrador.

La Promesa de Giannina

Esa noche, después de escuchar las voces de los vecinos, me prometí a mí misma que un día encontraría la manera de hacer que todo volviera a ser como antes. No sabía cómo, pero sentía que debía intentarlo. Me senté junto a la ventana, mirando el cielo estrellado, y susurré mi promesa al viento, esperando que las estrellas escucharan y me ayudaran a cumplirla.

Mientras el viento soplaba suavemente a través de las cortinas, supe que mi viaje apenas había comenzado. Con el corazón lleno de esperanza y miedo, cerré los ojos y dejé que los sueños me llevaran a un lugar donde todo era posible, donde el amor podía curar cualquier herida. Sabía que el camino sería difícil, pero también sabía que no estaba sola. Tenía a Gigi, a mi familia, y a la determinación de un corazón joven que se negaba a dejarse vencer por la tristeza.

Antes de dormir, me arropé bien con la manta tejida por mi tía Vanessa, sintiendo el calor y el amor en cada puntada. Me imaginé que estaba envuelta en la protección de mi familia, que aunque a veces parecía frágil, siempre estaba allí para sostenerme. Cerré los ojos y visualicé un futuro donde las sombras se desvanecían y la casa morada volvía a ser un lugar de pura alegría.

"Un día, lo lograré," pensé con determinación. "Encontraré la manera de hacer que todos vuelvan a sonreír." Y con esa promesa en mi corazón, me dejé llevar por el sueño, sabiendo que, aunque el camino sería largo, estaba dispuesta a enfrentarlo con todo el amor que tenía dentro.

Reflexión y Gratitud

Tía Vanessa, tío Lorenzo, gracias por ser mi luz en los momentos más oscuros, por darme un hogar lleno de amor y seguridad. A pesar de las dificultades, siempre encontré en ustedes la fuerza para seguir adelante. Sé que nuestro viaje será largo, pero confío en que juntos encontraremos el camino de regreso a la felicidad.

Capítulo 2:
Las Sombras de la Realidad

El Despertar de Giannina

Los días pasaban lentamente en la casa morada, como si el tiempo mismo estuviera impregnado por una melancolía que no podía entender. A medida que crecía, empecé a notar pequeños cambios en mi familia. Ya no todo era risas y juegos. A veces, el silencio se apoderaba de la casa, un silencio pesado que parecía llenar cada rincón con una tristeza invisible. Era como si la casa morada, con sus paredes coloridas y su jardín vibrante, estuviera perdiendo su brillo poco a poco, reemplazado por una sombra que no sabía cómo nombrar.

Recuerdo cómo solía recorrer mi hogar, observando a mi familia con ojos curiosos.

Mi tía Vanessa, la mujer que había sido mi pilar, siempre tan amorosa y llena de vida, ahora parecía cansada. Sus ojos, que antes brillaban con calidez, estaban rodeados de ojeras profundas, y su sonrisa, aunque todavía presente, parecía forzada, como si detrás de ella escondiera un dolor que no podía compartir. Mi tío Lorenzo, el hombre que solía llenarnos de energía con sus historias y ocurrencias, ahora pasaba largas horas encerrado en su habitación. A menudo lo escuchaba hablar solo, su voz llena de fragmentos de conversaciones que solo él entendía. Otras veces, lo encontraba mirando fijamente la pared, como si buscara algo que solo él podía ver.

Una tarde, mientras la luz del sol se colaba a través de las cortinas, decidí entrar en la habitación de mi tío Lorenzo. Estaba sentado en su silla favorita, la misma que había pertenecido a mi abuelo Sebastián, pero no parecía notar mi presencia. Sus ojos estaban fijos en un punto indeterminado de la pared, y sus labios se movían sin emitir sonido alguno. Sentí una punzada en el pecho, una mezcla de miedo y tristeza al verlo tan desconectado del mundo.

"Tío Lorenzo," susurré suavemente, esperando que mi voz lo trajera de vuelta a la realidad.

Pero él no respondió. Parecía perdido en un mundo propio, un lugar donde yo no podía llegar. Me acerqué lentamente, como si temiera que un movimiento brusco pudiera romper la frágil barrera entre su mundo y el mío. Al llegar a su lado, toqué suavemente su mano, fría al tacto, y entonces, sus ojos parpadearon, volviendo a enfocarse en mí.

¿Giannina? dijo, como si no estuviera seguro de que realmente estuviera allí.

"Estoy aquí, tío," le respondí, intentando sonreír a pesar de la tristeza que me invadía.

Él esbozó una pequeña sonrisa, pero sus ojos seguían cargados de una melancolía que no podía entender del todo. "Es solo... a veces me pierdo, pequeña. Pero no te preocupes, siempre encuentro el camino de regreso."

Aunque sus palabras eran reconfortantes, algo en su tono me decía que esa promesa no siempre sería fácil de cumplir.

Conversaciones en Susurros

Una tarde, mientras jugaba con mi muñeca Gigi en la sala, algo me llamó la atención. Desde la cocina, se filtraban las voces bajas de mi tía Vanessa y mi abuelo Sebastián. No era raro que hablaran en susurros, pero había algo en el tono de sus voces que me hizo detenerme, una urgencia y una tristeza que no podía ignorar.

Me acerqué a la puerta de la cocina, y con Gigi apretada contra mi pecho, escuché la conversación.

No sé qué hacer, papá. Lorenzo está peor cada día. Apenas come, y sus alucinaciones son cada vez más frecuentes. Estoy preocupada por él, por Margarita, por todos nosotros," decía mi tía con voz temblorosa. Nunca la había escuchado sonar tan vulnerable, tan indefensa.

Debemos ser fuertes, Vanessa. Esta familia siempre ha sido así, pero el amor nos ha mantenido unidos. No podemos dejar que esto nos destruya, respondió mi abuelo, intentando consolarla, aunque incluso su voz, que siempre había sido un baluarte de seguridad para mí, sonaba apagada, cargada con el peso de una responsabilidad demasiado grande.

Pero papá, ¿y si no podemos con esto? Cada día es más difícil, replicó mi tía, su voz casi quebrándose.

Me acerqué más, sintiendo una mezcla de curiosidad y temor. Quería entrar y decirles que todo estaría bien, que encontraríamos una manera de salir adelante, pero algo me detenía. Era como si, al cruzar esa puerta, también cruzara un umbral hacia un mundo que no estaba preparada para enfrentar.

Tenemos que seguir adelante, Vanessa, insistió mi abuelo. Es lo que siempre hemos hecho.

Me alejé de la puerta, sintiéndome más pequeña que nunca. Sabía que no debía haber escuchado esa conversación, pero ahora que lo había hecho, no podía olvidar las palabras de mi tía. Por primera vez, comprendí que los adultos no siempre tienen todas las respuestas, que también tienen miedo, y eso me asustó más que cualquier otra cosa.

La Respuesta del Amor

A medida que estas sombras se alargaban, nuestra familia encontró formas de hacer frente a la realidad. A través de pequeños actos de amor y comprensión, tratábamos de aliviar el dolor de cada uno. Mi tía Vanessa se convirtió en el pilar de la familia, siempre dispuesta a escuchar, a cuidar, a abrazar. Sabíamos que no podíamos curar a nuestros seres queridos, pero podíamos ofrecerles un refugio de amor y seguridad. El amor no eliminaba las enfermedades, pero sí les daba un espacio donde podían ser aceptadas y comprendidas.

Una noche, después de que todos se habían retirado a sus habitaciones, me encontré a mi tía Vanessa en la cocina, preparando una infusión de manzanilla. Sus manos temblaban ligeramente mientras vertía el agua caliente en la taza.

Tía Vanessa, ¿estás bien? le pregunté, acercándome a ella.

Ella me sonrió, pero sus ojos reflejaban el cansancio acumulado de muchas noches sin dormir. "Estoy bien, Giannina. Solo un poco cansada.

Me acerqué más y le di un abrazo. Sentí cómo sus brazos se cerraban alrededor de mí con una fuerza que casi me dejó sin aliento.   No te preocupes, tía. Yo también te cuidaré.

Ella rió suavemente, aunque había lágrimas en sus ojos. "Eres una niña muy especial, ¿lo sabes? Gracias por estar aquí.

Esa noche, mientras me acurrucaba en mi cama, pensé en cómo el amor de mi tía Vanessa había sido el pegamento que mantenía a nuestra familia unida, incluso en los momentos más difíciles. Y me prometí a mí misma que, cuando creciera, sería tan fuerte y amorosa como ella.

La Luz en la Oscuridad

A pesar de todo, seguía buscando la luz en medio de la oscuridad que parecía envolver a mi familia. Me aferraba a los momentos felices con todas mis fuerzas, como cuando mi abuelo me contaba historias de su juventud, donde él era el héroe que vencía dragones y conquistaba castillos. O cuando mi prima Margarita me llevaba a recoger flores en el jardín, nuestras manos entrelazadas, llenas de colores y fragancias que nos hacían olvidar, aunque fuera por un momento, la tristeza que empezaba a asentarse en nuestra casa.

Un día, mientras estábamos en el jardín, Margarita y yo decidimos hacer una corona de flores. Ella me enseñó cómo entrelazar los tallos de las margaritas y los claveles, creando una corona que luego colocamos en mi cabeza. "Ahora eres una princesa," dijo con una sonrisa.

¿Y tú? ¿Qué eres tú? le pregunté.

Soy tu dama de compañía, respondió, riendo mientras se inclinaba en una exagerada reverencia.

Nos reímos juntas, y en ese momento, todo parecía estar bien. Era como si las sombras que acechaban en nuestra casa se desvanecieran bajo el sol, reemplazadas por la alegría y el amor que compartíamos en esos pequeños instantes.

Pero a medida que el sol se ponía y el jardín se llenaba de sombras, sentí cómo la tristeza volvía a instalarse en mi corazón. Sabía que esos momentos de felicidad eran fugaces, que la realidad siempre volvía, implacable.

Un día en el pueblo

Un día, mientras caminaba por el pueblo con mi tía Vanessa, escuché a un grupo de mujeres hablando en la esquina de la tienda. Eran conocidas en el pueblo, y sus voces resonaban con la certeza de quienes creen saberlo todo.

Esos de la familia de Lorenzo... Siempre han estado mal de la cabeza. Dicen que es una maldición, algo que corre en la sangre, murmuró una de las mujeres, con un tono que mezclaba lástima y desdén.

Sentí que el suelo se movía bajo mis pies. ¿Una maldición? No podía ser. Mi familia no estaba maldita, simplemente estaban... diferentes. Pero ¿cómo podría explicar eso a los demás, cuando ni siquiera yo lo entendía? Las palabras de esas mujeres se quedaron conmigo, resonando en mi mente como un eco que no podía acallar

Miré a mi tía Vanessa, esperando ver alguna reacción en su rostro. Pero ella mantuvo la cabeza en alto, su expresión serena, como si no hubiera oído nada. La admiré en ese momento por su fortaleza, pero dentro de mí, el temor seguía creciendo. ¿Y si esas mujeres tenían razón? ¿Y si estábamos realmente malditos?

Quise correr y gritarles que estaban equivocadas, que mi familia era como cualquier otra, pero las palabras se quedaron atrapadas en mi garganta. Solo apreté la mano de mi tía con más fuerza, como si al hacerlo pudiera protegernos a ambas de ese miedo que comenzaba a invadir mi corazón.

El Dolor Silencioso de Paco

Fue alrededor de ese tiempo que empecé a notar cambios en mi hermano Paco. Mi compañero de juegos y aventuras ya no era el mismo. Ya no jugaba tanto conmigo como antes, y a menudo lo encontraba llorando en su habitación. Sus risas, que solían llenar la casa, se convirtieron en susurros ahogados en lágrimas. Me sentía impotente, porque no sabía cómo ayudarlo, y el verlo así rompía mi corazón.

Una tarde, cuando el sol empezaba a ocultarse y las sombras se alargaban en el jardín, me acerqué a él. Sus ojos, normalmente llenos de vida, ahora estaban opacos, como si algo dentro de él se hubiera apagado.

Es como si tuviera una tormenta dentro, Giannina. No sé cómo pararla," me confesó un día, con una voz tan baja que apenas la escuché.

No sabía qué decirle. Deseaba poder ayudarlo, deseaba poder ser lo suficientemente fuerte para alejar esa tormenta que lo consumía, pero me sentía tan pequeña y perdida. Lo único que podía hacer era estar a su lado, abrazarlo y prometerle que todo estaría bien, aunque en el fondo, no sabía si sería capaz de cumplir esa promesa.

Decidí que, a partir de ese día, no dejaría que Paco enfrentara su tormenta solo. Cada tarde, después de la cena, nos sentábamos en el porche de la casa morada, observando cómo las luciérnagas iluminaban el jardín. No hablábamos mucho, pero nuestra compañía mutua era suficiente para hacernos sentir un poco menos solos en medio de nuestras propias tormentas.

Un día, mientras observábamos las estrellas, tomé su mano y le dije: "Paco, pase lo que pase, siempre estaré aquí para ti. No tienes que enfrentar esto solo."

Él apretó mi mano en respuesta, y en ese

gesto silencioso, supe que había entendido lo que intentaba decirle. Aunque no podía detener la tormenta, podía ser su refugio.

Una Promesa Renueva el Corazón

Esa noche, mientras la luna brillaba en el cielo, hice una promesa en silencio. Sabía que no sería fácil, pero no me importaba. Mi familia era lo más importante para mí, y no podía permitir que las sombras se apoderaran de ellos. No sabía cómo, pero encontraría la manera de hacer que mi familia volviera a ser feliz. Con el tiempo, aprendería que el amor es más poderoso que cualquier enfermedad, y que juntos, podríamos superar cualquier cosa.

Me acerqué a la ventana, observando la luz suave de la luna que se filtraba a través de las cortinas. El mundo afuera parecía tranquilo, en paz, como si las preocupaciones y los miedos no tuvieran cabida en esa serenidad nocturna. Cerré los ojos y dejé que el sueño me envolviera, llevando conmigo la promesa que acababa de hacer. En ese momento, con el corazón lleno de esperanza y miedo, supe que mi viaje apenas había comenzado. No estaba segura de lo que el futuro me depararía, pero estaba decidida a enfrentarlo con todo el amor que llevaba dentro.

Antes de cerrar los ojos, escribí en un pequeño cuaderno que guardaba bajo mi almohada: "Prometo encontrar la manera de hacer que mi familia vuelva a sonreír." Fue un acto simbólico, pero para mí, era un compromiso real, algo que me recordaría cada día que debía ser fuerte, por ellos y por mí.

Cerré el cuaderno, lo guardé bajo mi almohada y, finalmente, me dejé llevar por el sueño, sabiendo que, aunque el camino sería largo y difícil, estaba dispuesta a enfrentarlo con todo el amor que tenía en mi corazón.

Reflexión y Gratitud

Paco, hermano mío, tu dolor me enseñó la importancia de la compasión y la fuerza que se necesita para luchar contra las tormentas internas. Aunque eras pequeño, me diste el valor para seguir adelante, para no rendirme ante las adversidades. Gracias por ser mi inspiración, por mostrarme que el amor, incluso en sus formas más silenciosas, puede ser la luz que guía en los momentos más oscuros.

Capítulo 3:

Las Dualidades de la Vida Familiar

Las Navidades en la Casa Morada

La Navidad era la época más esperada en la casa morada. A lo largo del año, las preocupaciones, los silencios y las sombras parecían siempre presentes, pero cuando llegaban esos días festivos, algo cambiaba. Una magia especial invadía nuestro hogar, como si el espíritu navideño pudiera borrar temporalmente todo el dolor que acechaba en las esquinas de nuestra existencia.

Recuerdo cómo toda la familia se reunía, llenando la casa de risas, canciones y el aroma a comida recién hecha. Las luces de colores adornaban el árbol de Navidad que, aunque no era el más grande ni el más frondoso, siempre brillaba con una calidez que me hacía sentir segura. Las velas parpadeaban en las ventanas, y la música navideña llenaba cada rincón, creando una atmósfera que parecía salida de un cuento de hadas.

Nuevas escenas y detalles:

La víspera de Navidad era una celebración muy esperada. El día comenzaba temprano, con la preparación de los platillos tradicionales. Tía Vanessa, con su delantal floreado, dirigía a todos en la cocina. Los aromas de lechón asado, pasteles de yuca y arroz con guandules llenaban el aire, creando una sensación de calidez y hogar.

En el centro del salón, el árbol de Navidad brillaba con luces multicolores, sus ramas adornadas con esferas doradas y plateadas, cada una cuidadosamente colocada por manos amorosas. Las risas de mis primos resonaban en la casa mientras corrían por el jardín, jugando a las escondidas entre los arbustos, mientras yo los observaba desde la ventana, sintiéndome parte de algo más grande, algo lleno de amor y esperanza.

A medida que el día avanzaba, los adultos se reunían en la sala, compartiendo historias y recuerdos del pasado. Mi abuelo Sebastián, con su pipa en mano, contaba anécdotas de sus días jóvenes, arrancando carcajadas a todos con su ingenio y buen humor. Era en estos momentos cuando la tristeza que a menudo invadía la casa parecía desvanecerse, reemplazada por una alegría genuina que iluminaba los rostros de todos.

Mis primos, más de 25 en total, corríamos por el jardín, nuestras risas resonando como una melodía en la fría brisa invernal. Nos subíamos a los columpios que colgaban de las ramas más fuertes del gran árbol en el centro del jardín, y jugábamos a las escondidas entre los árboles. Cada rincón del jardín se convertía en un escondite mágico, donde la realidad y la fantasía se entrelazaban. Adoraba esos momentos, donde la risa y la alegría parecían borrar cualquier sombra que pudiera existir.

Pero incluso en medio de esa alegría, había momentos en los que me detenía y observaba a los adultos. Notaba la forma en que se miraban unos a otros, como si compartieran un secreto que yo no podía comprender. Sus risas eran sinceras, pero había algo más, una sombra que se escondía detrás de sus ojos, una preocupación que no desaparecía del todo, incluso en Navidad.

Los Secretos del Dolor

Pero a medida que la noche avanzaba, empecé a notar que no todo era tan perfecto como parecía. Después de que la comida se servía y las canciones navideñas llenaban el aire, las luces suaves de la casa parecían arrojar sombras más largas, y con esas sombras venían los cambios. Mi tío Lorenzo, siempre con una copa de vino en la mano, comenzaba a cambiar. Su risa, que al principio de la noche era contagiosa, se volvía más áspera, más forzada, y sus palabras, más pesadas.

"Tío Lorenzo está diferente otra vez," susurraba uno de mis primos, mientras los adultos intentaban mantener las apariencias, sus sonrisas forzadas, sus miradas cargadas de preocupación. Era como si una sombra cayera sobre la casa, una sombra que todos podían sentir pero que nadie podía detener.

Nuevas escenas y detalles:

A medida que las horas avanzaban y la noche se hacía más profunda, notaba cómo la expresión de mi tío Lorenzo cambiaba. Sus ojos, que al principio de la noche brillaban con alegría, comenzaban a nublarse, como si una tormenta se gestara dentro de él. Lo veía llevarse una copa tras otra a los labios, y con cada sorbo, su risa se volvía más fuerte, más aguda, hasta que finalmente, ya no era una risa, sino un eco doloroso que resonaba en las paredes de la casa.

Mi tía Vanessa, sentada junto a él, intentaba mantener la calma, colocando una mano en su brazo para tranquilizarlo. Pero yo podía ver la tensión en su rostro, la preocupación que trataba de esconder detrás de su sonrisa.

La música seguía sonando, pero ahora

parecía más distante, como si ya no perteneciera a ese lugar. Los demás adultos seguían hablando, pero sus voces se habían vuelto más bajas, más cautelosas. Sabían lo que estaba por venir, lo sentían en el aire, y hacían todo lo posible por evitarlo.

Finalmente, cuando la situación se volvía insostenible, mi tío Lorenzo se levantaba bruscamente, su silla rasgando el suelo con un chirrido agudo. Sin decir una palabra, salía al jardín, dejando tras de sí un silencio pesado que nadie se atrevía a romper.

Veía cómo el rostro de mi tía Vanessa se desmoronaba por un instante, solo un momento fugaz antes de recomponerse y seguir adelante. Su fortaleza era admirable, pero también me daba miedo. Sabía que estaba tratando de mantener a la familia unida, pero a veces me preguntaba cuánto más podría soportar.

El Miedo Silencioso

No entendía del todo lo que estaba sucediendo, pero sentía el miedo crecer en mi pequeño corazón. Era un miedo que no podía nombrar, un temor visceral que me hacía sentir que algo terrible estaba por suceder. Me acurrucaba en mi cama, con Gigi apretada contra mi pecho, deseando que todo volviera a ser como antes, cuando todos estaban felices y la Navidad era un tiempo de pura alegría.

Aquella noche, después de que mi tío Lorenzo se retiró al jardín, el ambiente en la casa se volvió tenso. Mi abuelo intentó mantener la conversación en la sala, pero el ruido de los vasos chocando y las risas forzadas no podían ocultar la preocupación en los rostros de los adultos. Sabía que algo andaba mal, aunque no entendía exactamente qué era.

Cuando finalmente subí a mi habitación, me senté junto a la ventana y miré hacia afuera. Vi a mi tío Lorenzo de pie bajo el gran árbol, su silueta apenas visible bajo la tenue luz de la luna. Supe, en ese momento, que la Navidad ya no sería la misma para mí.

Al acostarme, las sombras en la habitación parecían moverse, y cada crujido de la casa me hacía sobresaltarme. Sabía que los adultos tratarían de mantener la calma, de protegernos a todos, pero también sabía que las sombras que acechaban en nuestra familia eran demasiado grandes para ser ignoradas.

¿Por qué tiene que ser así? me preguntaba, mientras escuchaba el murmullo de las discusiones desde la habitación de mis tíos. Las palabras se mezclaban con el sonido del viento que golpeaba las ventanas, creando una melodía triste que contrastaba con los días luminosos que habían precedido la noche.

El dolor y la confusión eran demasiado para mí, siendo tan pequeña. Aunque mi tía Vanessa intentaba protegerme de todo, sabía que algo andaba mal, algo que no podía entender ni controlar. Sentía que el mundo era un lugar mucho más grande y aterrador de lo que había imaginado, y no sabía cómo enfrentarlo.

A veces me preguntaba si alguna vez entendería por qué las cosas eran así, por qué el amor en mi familia siempre parecía venir acompañado de dolor.

La Alegría y el Dolor, Mano a Mano

A la mañana siguiente, como si nada hubiera pasado, la casa se llenaba de risas nuevamente. Los adultos intentaban borrar las sombras de la noche anterior, esforzándose por crear una ilusión de normalidad. Nos decían que todo estaba bien, que lo que había pasado la noche anterior no era importante, y los niños volvíamos a nuestros juegos, tratando de olvidar lo que habíamos visto y oído.

Pero para mí, la alegría siempre venía acompañada de una sombra de tristeza. Aunque jugaba y reía con mis primos, algo dentro de mí sabía que el equilibrio era frágil, que en cualquier momento, la oscuridad podía regresar y romper la ilusión de felicidad.

Esa mañana, como si un velo hubiera sido levantado, la casa volvió a llenarse de vida. Los adultos sonreían, los niños corrían por el jardín, y el aroma del desayuno recién hecho llenaba el aire. Pero para mí, algo había cambiado. Sentía que la alegría que nos rodeaba era efímera, que en cualquier momento podría desvanecerse.

Mis primos y yo volvimos a nuestros juegos, pero en mi mente, las imágenes de la noche anterior seguían presentes. Veía a mi tío Lorenzo solo en el jardín, veía la preocupación en el rostro de mi tía Vanessa, y no podía dejar de pensar que algo estaba mal.

Cuando me uní a mis primos en el columpio, la sensación de felicidad que solía acompañar esos momentos no estaba. En su lugar, sentía una tristeza profunda, una tristeza que no sabía cómo expresar. Quería hablar con alguien, contarles lo que sentía, pero temía que no me entendieran. Temía que si lo decía en voz alta, la frágil felicidad que todos trataban de mantener se rompería.

Mi familia es diferente, pensaba. No

como las otras familias del pueblo. Aquí, el amor y el dolor caminan de la mano.

Aprendí a vivir con esa dualidad, a aceptar que en mi mundo, la luz y la sombra siempre estarían entrelazadas. Pero aunque esa realidad era dolorosa, también me enseñó a apreciar los momentos de felicidad con más intensidad, a aferrarme a ellos como un náufrago se aferra a un pedazo de madera en medio del mar.

Reflexión y Gratitud

Tía Vanessa, tus ojos llenos de tristeza me enseñaron el valor de la esperanza, de la fe en que un mañana mejor es posible. Gracias por tu fortaleza, por tu amor incondicional, y por enseñarme que, incluso en los momentos más oscuros, el amor puede ser un faro que guía el camino.

Capítulo 4:
La Realización del Propósito

El Descubrimiento Inesperado

A medida que crecí, empecé a darme cuenta de que mi vida era diferente a la de muchos otros niños. Aunque siempre había sentido que mi familia era especial, con sus propias peculiaridades y su forma única de ver el mundo, poco a poco comencé a entender que esa "especialidad" también venía acompañada de un peso que no todas las familias cargaban. Mis padres habían muerto cuando yo era pequeña, en un accidente que se llevó no solo sus vidas, sino también la parte de mi infancia que podría haber sido más inocente y despreocupada. Vivía con mi tía Vanessa y mi tío Lorenzo, quienes me criaron con todo el amor que tenían, tratando de llenar el vacío que mis padres habían dejado.

Nuevo Elemento: Escenas y detalles adicionales

Recuerdo los días que pasaba observando las fotografías enmarcadas en las paredes del pasillo. Eran imágenes de mi madre, con su sonrisa cálida y sus ojos llenos de vida, que parecían mirarme con una mezcla de amor y tristeza. A menudo me preguntaba cómo habría sido crecer con ella, cómo habría sido su voz cantándome canciones de cuna o sus manos acariciando mi cabello cuando tenía miedo. Pero esas eran preguntas sin respuesta, y el vacío que sentía en mi pecho solo crecía con cada día que pasaba.

El ambiente en casa siempre estaba teñido de una tristeza subyacente, una sombra que no podía ignorar, aunque en mi niñez no lograba comprender del todo su origen. Era una tristeza que se manifestaba en sus miradas perdidas, en los silencios prolongados, y en las sonrisas que a veces no llegaban a sus ojos. Con el tiempo, empecé a notar que esa sombra no era un simple estado de ánimo pasajero, sino algo que estaba arraigado profundamente en la historia de nuestra familia. Aunque mi primo Mateo sufría de las mismas enfermedades mentales que habían marcado a generaciones de mi familia, yo, por alguna razón que no entendía, no había heredado esa carga. Este hecho, que al principio no comprendía del todo, se convirtió en una fuente de confusión y, eventualmente, de culpa.

La Culpa y la Confusión

Con el tiempo, esa confusión se transformó en culpa. Una culpa que me pesaba en el pecho, que me acompañaba en mis pensamientos antes de dormir y que se colaba en mis sueños. Aunque no entendía completamente lo que estaba sucediendo en mi familia, sabía que había sido apartada de ese destino por alguna razón. Pero, ¿por qué yo? ¿Por qué Dios me había dado una oportunidad que no parecía haberles dado a los demás?

¿Por qué no yo? ¿Por qué mi primo Mateo, mi madre, y tantos otros en mi familia tenían que sufrir mientras yo parecía estar a salvo?

Nuevo Elemento: Reflexiones y escenas más profundas

Recuerdo una noche en particular, cuando todos en casa estaban ya dormidos. Me levanté de la cama y caminé en silencio hacia la ventana. Afuera, la luna iluminaba suavemente el jardín, y el viento soplaba suavemente a través de los árboles, creando un susurro que parecía hablarme en un idioma antiguo. Me senté en el alféizar de la ventana, abrazando mis rodillas, y dejé que las lágrimas rodaran por mi rostro.

No era justo. Nada de esto lo era. Mi primo Mateo, con su mirada siempre perdida, parecía estar atrapado en un mundo que yo no podía comprender. Mi tía Vanessa, que lo cuidaba con una devoción que rayaba en el sacrificio, estaba constantemente agotada, luchando no solo con las demandas de la vida cotidiana, sino también con el dolor que la asediaba. Y yo, ¿qué podía hacer? Sentía que era una espectadora impotente en un drama que no podía cambiar.

Nuevo Elemento: Exposición y Reflexión

A medida que mi confusión crecía, comencé a investigar más sobre las enfermedades mentales que afectaban a mi familia. Descubrí que mi primo Mateo sufría de depresión mayor y ansiedad generalizada, condiciones que lo llevaban a encerrarse en sí mismo durante días. Mi tía Silvia luchaba contra un trastorno obsesivo-compulsivo que la obligaba a repetir rutinas hasta la extenuación, mientras que mi tío Lorenzo, además de su esquizofrenia, tenía un trastorno de personalidad límite que lo sumía en un ciclo interminable de emociones extremas. Estas enfermedades no solo afectaban a quienes las padecían, sino que dejaban una marca indeleble en todos nosotros, los que compartíamos el hogar con ellos.

Nuevo Elemento: Reflexiones personales sobre la enfermedad mental

Al aprender más sobre estas enfermedades, comencé a ver a mi familia bajo una nueva luz. Ya no eran solo "raros" o "diferentes"; eran personas que luchaban cada día contra monstruos invisibles, batallas que yo no había tenido que enfrentar. Sentí una mezcla de admiración y tristeza por ellos, por la fuerza que mostraban al enfrentarse a esos desafíos, pero también por la injusticia de que tuvieran que cargar con ese peso.

El Propósito de la Heroína

Un día, mientras estaba sola en mi habitación, algo cambió dentro de mí. Era una tarde tranquila, el sol se filtraba suavemente a través de las cortinas, creando patrones de luz en el suelo. Estaba sentada en mi cama, con Gigi a mi lado, cuando una idea comenzó a tomar forma en mi mente. Comencé a ver mi situación no como una coincidencia, sino como un llamado.

Nuevo Elemento: Escenas detalladas de la realización

Recuerdo haberme quedado sentada en mi cama durante lo que parecieron horas, mirando la luz del sol moverse lentamente a través del suelo. En mi mente, las piezas comenzaron a encajar, como un rompecabezas que finalmente empezaba a tomar forma. ¿Y si yo estaba aquí por una razón? ¿Y si mi propósito en la vida era ser una luz en la oscuridad que rodeaba a mi familia?

Esa tarde, mientras el sol se ponía y las sombras se alargaban, hice un juramento silencioso. No dejaría que el dolor y la tristeza destruyeran a mi familia. Haría todo lo que estuviera en mi poder para ayudarlos, para mostrarles que, a pesar de todo, había esperanza. Quería ser la persona que trajera luz a la oscuridad, que encontrara la manera de curar las heridas que la vida les había infligido.

Reflexión y Gratitud

Mateo, tu lucha me enseñó el valor del amor incondicional y la importancia de ser una fuerza de cambio para aquellos que no pueden defenderse por sí mismos. Aunque cargaste con un peso que yo no comprendía completamente, te agradezco por mostrarme lo que significa ser verdaderamente fuerte. Es por ti y por todos los que sufrieron en nuestra familia que decidí ser la heroína que tanto necesitábamos.

Con el tiempo, entendí que mi propósito no era simplemente aliviar el dolor, sino transformar nuestra realidad. Mi misión era romper el ciclo de sufrimiento, traer esperanza y, sobre todo, recordarles a todos que el amor es más fuerte que cualquier enfermedad o sombra que pudiera oscurecer nuestras vidas.

Capítulo 5:
La Ausencia de una Madre

El Vacío de la Ausencia

Desde que tengo memoria, mi madre, Elena, nunca estuvo realmente presente. Aunque en esta historia ella ya no está, siempre sentí su ausencia como un peso constante en mi corazón. Era un vacío que me acompañaba a donde quiera que fuera, una sombra que siempre estaba allí, recordándome lo que había perdido. Elena murió en un accidente cuando yo era muy pequeña, dejándome solo con mi tía Vanessa y mi tío Lorenzo, quienes me criaron como si fuera su propia hija.

El accidente que se llevó a mis padres fue como una ráfaga de viento que arrasó con todo a su paso, dejando un vacío imposible de llenar. La noticia llegó un día como cualquier otro, sin previo aviso, golpeándonos con una fuerza abrumadora. Mi abuela Isabella, que estaba viva en ese entonces, fue la primera en recibir la llamada. Recuerdo cómo su rostro se desfiguró en una máscara de dolor, un dolor que se reflejó en cada uno de nosotros al enterarnos de lo sucedido. Ese día, nuestra familia cambió para siempre.

A veces, me preguntaba cómo habría sido mi vida si mis padres, Elena y Raúl, no hubieran muerto. Imaginaba que, tal vez, mi madre podría haberme dado el amor que tanto anhelaba. Que ella estaría allí para abrazarme cuando tuviera miedo, para consolarme cuando las sombras de nuestra casa se volvieran demasiado oscuras. Pero esos eran solo sueños de una niña que no comprendía la magnitud de lo que había perdido.

En esos sueños, veía a mi madre como una figura etérea, casi irreal, con una sonrisa cálida y ojos llenos de amor. La imaginaba peinando mi cabello, cantándome canciones de cuna, y llevándome de la mano a través del jardín lleno de flores. Eran imágenes que mi mente infantil construía con fragmentos de recuerdos y anhelos, pero que no podían llenar el vacío real que sentía en mi corazón.

La Tristeza de Lorenzo

Mi tío Lorenzo, aunque siempre triste por la pérdida de su hermana Elena, nunca nos abandonó. A pesar de todo, él permaneció con nosotros, tratando de llenar el vacío que la muerte de mis padres dejó. Pero su tristeza era palpable, como una nube gris que nunca se disipaba del todo. Veía en sus ojos un dolor profundo, una melancolía que nunca parecía desvanecerse. Yo deseaba con todas mis fuerzas que las cosas hubieran sido diferentes, que mi madre hubiera estado allí para aliviar esa tristeza.

Lorenzo, a menudo, se quedaba despierto hasta tarde, mirando fotos antiguas de Elena. A veces, lo encontraba sentado en el sillón de la sala, con una copa de vino en la mano y una lágrima rodando por su mejilla. Esas noches, la casa morada se llenaba de un silencio espeso, interrumpido solo por suspiros largos y pesados que resonaban en las paredes.

Una vez, cuando tenía unos ocho años, me armé de valor y me acerqué a él mientras sostenía una de esas fotos. Era una imagen de mi madre en su juventud, con el cabello suelto y una risa que parecía iluminar todo a su alrededor. Lorenzo me miró, y en su mirada vi una mezcla de amor y desesperación que me rompió el corazón.

Tu madre... era la luz de esta familia, Giannina, dijo con voz quebrada. Nada ha sido igual desde que se fue.

Sus palabras me dejaron sin aliento. Aunque ya sabía que la muerte de mi madre había dejado una herida en todos nosotros, fue en ese momento que comprendí cuán profunda era esa herida, y cómo había marcado a cada uno de nosotros de manera irrevocable.

El Miedo y la Confusión

Había días en que recordaba a mi madre como un sueño lejano, como una figura borrosa en mi mente, alguien que no podía recordar claramente pero cuya ausencia sentía profundamente. Esos recuerdos venían acompañados de una profunda tristeza, un dolor sordo que no sabía cómo expresar. Mi tía Vanessa, aunque hacía todo lo posible por cuidarme y amarme, no podía llenar el vacío que Elena había dejado. La veía esforzarse cada día, tratando de ser todo para mí, pero yo sabía que había algo que ella no podía reemplazar.

Vanessa era una mujer fuerte, pero también la veía derrumbarse en ocasiones. A veces, cuando pensaba que nadie la veía, se sentaba en la cocina con una taza de té en las manos, mirando al vacío con una expresión de agotamiento y tristeza. En esos momentos, yo me acercaba sigilosamente y la abrazaba, buscando consuelo tanto para ella como para mí. Ella siempre respondía con una sonrisa suave, aunque sus ojos seguían mostrando el peso que llevaba en su corazón.

El Sueño de lo Imposible

A veces, soñaba con que Dios lo arreglaría todo, que de alguna manera, mi familia sería curada y que finalmente podríamos ser una familia normal. Que mi madre, de alguna manera milagrosa, regresaría y todo sería como debería haber sido. Pero esos eran solo sueños de una niña que no comprendía la magnitud de lo que estaba sucediendo.

En esos sueños, veía a mi madre regresar a casa, con los brazos abiertos y una sonrisa que parecía capaz de borrar todo el dolor que habíamos sufrido. Me imaginaba corriendo hacia ella, sintiendo su abrazo cálido, y en ese momento, todo el dolor y la tristeza desaparecerían. Pero cada vez que me despertaba, la realidad me golpeaba con fuerza. Mi madre no iba a regresar, y ese vacío en mi corazón permanecería.

Vivir con la Ausencia

Con el tiempo, aprendí a vivir con ese dolor, a aceptar que mi vida siempre tendría esa ausencia. Y en esa aceptación, comencé a buscar algo más, algo que pudiera llenar ese espacio en mi vida. Me volqué en mi familia, en mis tíos y primos, buscando en ellos el amor y el consuelo que tanto necesitaba. Aunque no podían reemplazar a mis padres, me di cuenta de que, a su manera, todos estaban tratando de llenar ese vacío conmigo.

Nuevo Elemento: Exposición y Reflexión

A medida que crecía, también empecé a comprender que la tristeza que invadía nuestra casa no era solo por la ausencia de mi madre. Mi familia estaba marcada por enfermedades mentales que, aunque no entendía completamente, sabía que

afectaban profundamente a quienes amaba. Mi primo Mateo luchaba con una depresión que lo sumía en un silencio abrumador, mientras que mi tío Lorenzo, con su esquizofrenia y trastorno de personalidad límite, vivía en un mundo de emociones extremas y desconexión con la realidad.

Estas condiciones creaban un ambiente de constante tensión y tristeza, y yo, siendo solo una niña, me veía atrapada en medio de todo esto, tratando de encontrar un sentido a lo que estaba pasando. Entendí que mi vida no solo estaba marcada por la ausencia de mi madre, sino también por la carga invisible que estas enfermedades mentales imponían en mi familia.

Cada día era una batalla silenciosa. Las enfermedades mentales no solo afectaban a quienes las padecían, sino que extendían sus raíces en todo el hogar, afectando a todos a su alrededor. Yo veía a mi familia luchar contra demonios internos que no entendía completamente, y aunque no podía hacer mucho para ayudar, sabía que debía ser fuerte por ellos.

La Realización

A medida que crecí, me di cuenta de algo que me dejó perpleja: a mí no se me reflejó la enfermedad que afectó a mi familia. Mientras que mi primo Mateo, que vivía con nosotros, sufría enormemente, yo permanecí "intacta". No entendía por qué yo había sido 'salvada' y él no. Era como si hubiera un muro invisible que me protegía, mientras que Mateo, y otros en mi familia, se veían arrastrados por un mar de dolor y confusión.

Fue en ese momento cuando empecé a creer que había venido a esta familia con un propósito. Que estaba aquí para ser la heroína que tanto necesitaban, para ayudarles a superar el dolor y la tristeza que parecían estar destinados a sufrir.

Un Destino Diferente

Esta realización fue un punto de inflexión en mi vida. Comencé a ver mi existencia no como una simple supervivencia, sino como una misión. Sabía que no podía cambiar el pasado, que no podía traer de vuelta a mi madre ni curar el dolor de mi tío Lorenzo, pero podía hacer algo más. Podía ser la luz en medio de la oscuridad, la esperanza en medio de la desesperación.

Decidí que no dejaría que la tristeza definiera mi vida. Aunque había perdido a mis padres, y aunque mi familia estaba marcada por el dolor, sabía que tenía dentro de mí la capacidad de ser una fuerza de cambio. Empecé a enfocarme en lo que podía hacer para aliviar el sufrimiento de los demás, para traer un poco de luz a un mundo que a veces parecía abrumadoramente oscuro.

Reflexión y Gratitud

Tía Vanessa y tío Lorenzo, su amor y dedicación me dieron la fuerza para seguir adelante, incluso cuando el dolor de la ausencia de mis padres parecía insuperable. Gracias por darme un hogar lleno de amor y cuidado. A pesar de todo, me hicieron sentir segura y amada, y por eso, siempre les estaré agradecida. A través de ustedes, aprendí que el amor tiene la capacidad de sanar las heridas más profundas y de darnos la fuerza para enfrentar cualquier adversidad.

Capítulo 6:
La Carga de Tatiana

Tatiana y la Carga de la Enfermedad

Mi prima Tatiana, una mujer de gran belleza y espíritu, fue una de las personas que más problemas causó a la familia debido a su enfermedad mental. Su situación era tan grave que, en muchas ocasiones, tuvo que ser internada durante meses. La enfermedad la consumía lentamente, como una sombra que cubría todo su ser, robándole poco a poco la luz que alguna vez había brillado en ella. Lamentablemente, después de tantos años, sigue internada hasta hoy, más de 30 años después.

Era una persona hermosa, tanto por fuera como por dentro, pero su enfermedad la consumió. Recuerdo sus ojos brillantes, su sonrisa que iluminaba la habitación, y la forma en que solía acariciar el cabello de sus hijos con una ternura infinita. Pero cada vez que la veía regresar de los hospitales, parecía más perdida que antes, como si un pedazo de su alma se hubiera quedado en cada uno de esos lugares fríos y estériles.

Verla ir y venir de los hospitales era como presenciar una tragedia en cámara lenta. Cada internación parecía llevarse un poco más de ella, dejando a su regreso una versión de Tatiana que se hacía más frágil y distante. Esto rompía el corazón de todos, pero especialmente el mío, porque sabía que no había nada que pudiera hacer para aliviar su dolor. La impotencia me consumía, me hacía sentir pequeña y perdida en un mundo donde el sufrimiento parecía ser la única constante.

Tatiana no era la única en nuestra familia

que luchaba con problemas mentales graves. Había otros miembros de la familia que lidiaban con trastornos como el trastorno bipolar, la esquizofrenia paranoide, y el trastorno límite de la personalidad. Cada uno enfrentaba su batalla de manera única, y cada uno requería una forma diferente de amor y cuidado. Ver a todos ellos.

luchar con sus demonios me enseñó que, aunque las enfermedades mentales son diversas y complejas, la respuesta fundamental siempre es el amor. Este amor no significa que entendamos completamente por lo que están pasando, sino que estemos ahí, presentes y dispuestos a sostenerlos en sus momentos más oscuros.

El Impacto en la Familia

Las constantes hospitalizaciones de Tatiana no solo la afectaban a ella, sino que ponían una enorme presión sobre todos nosotros. Cada vez que tenía que ser internada, el miedo y la tristeza se apoderaban de la casa morada. El ambiente, que ya estaba cargado con las preocupaciones diarias, se volvía más denso, como si el aire mismo se llenara de desesperanza. Vivíamos con la incertidumbre de si alguna vez volvería a ser la misma, de si la Tatiana que conocíamos y amábamos encontraría su camino de regreso a nosotros.

Verla tan deteriorada, tan perdida, era una carga emocional inmensa. Sentía que estábamos luchando una batalla que no podíamos ganar, una batalla que nos agotaba día tras día. Esa sensación de impotencia se extendía a todos en la familia, y aunque intentábamos apoyarnos mutuamente, el peso de esa carga nos hundía lentamente.

Mi tía Vanessa, quien siempre había sido la roca de la familia, parecía llevar la mayor parte de ese peso sobre sus hombros. La veía pasar noches en vela, preocupada por Tatiana, rezando en silencio por un milagro que nunca llegaba. Su amor por Tatiana era tan fuerte que, incluso cuando la esperanza comenzaba a desvanecerse, ella se aferraba a cualquier destello de luz que pudiera encontrar.

El sufrimiento de Tatiana también afectaba a sus hijos. Ver a su madre en ese estado, a veces ausente incluso cuando estaba físicamente presente, era algo que los marcó profundamente. Aunque éramos niños, sabíamos que algo estaba terriblemente mal, y esa comprensión prematura del dolor adulto nos robó parte de nuestra inocencia.

La Esperanza Perdida y la Resiliencia

Cada vez que Tatiana regresaba del hospital, había un breve período de calma, un respiro en medio de la tormenta, donde todos queríamos creer que las cosas mejorarían. Pero ese respiro nunca duraba. Era como si la enfermedad se burlara de nuestros intentos de mantener la normalidad, regresando con más fuerza cada vez.

Recuerdo noches en las que me despertaba con el sonido de sus gritos, desesperados e incomprensibles. Gritos que resonaban en los pasillos oscuros de la casa morada, llenando el aire con un dolor que no entendía completamente, pero que me aterrorizaba. No sabía qué hacer, cómo ayudarla, y esa impotencia me dejaba paralizada.

La casa morada, que en otros tiempos había sido un refugio lleno de amor y calidez, se había convertido en un lugar donde la tristeza y el miedo habitaban en cada rincón. Los momentos de alegría eran escasos, y cuando llegaban, eran fugaces, como destellos de sol entre nubes oscuras. Tatiana era el centro de nuestra preocupación, y su lucha era la nuestra, aunque sabíamos que, al final, solo ella podía enfrentar sus propios demonios.

Reflexión y Gratitud

Tatiana, tu lucha no fue en vano. Aunque tu enfermedad te robó tanto, siempre fuiste una persona llena de amor y esperanza. Me enseñaste que, incluso en los momentos más oscuros, hay lugar para la compasión y la empatía. Gracias por mostrarme la importancia de nunca rendirse, incluso cuando el camino es difícil. A través de tu dolor, aprendí que el amor, aunque no siempre puede curar, puede ser el hilo que nos mantiene unidos, incluso en los tiempos más oscuros.

Capítulo 7:
La Tragedia de Flor

El Misterio de Flor

Mi tía Flor, una mujer cuya vida ya estaba marcada por el maltrato de su esposo y las oscuras prácticas en las que él se involucraba, encontró un final trágico que nadie en la familia vio venir. Flor era una de esas personas que, a pesar de las adversidades, parecía irradiar una luz interna, una fuerza que todos admirábamos. Sin embargo, esa luz comenzó a desvanecerse a medida que las sombras en su vida se volvían más densas, hasta que un día, su cuerpo fue encontrado en un río. Se dijo que fue un suicidio, pero la verdad sobre lo que realmente sucedió sigue siendo un misterio, uno que dejó una herida profunda en la familia.

Su muerte fue un golpe devastador para todos nosotros. Era una mujer fuerte, pero el peso de su vida, de sus circunstancias, finalmente la venció. No podíamos entender cómo alguien tan llena de vida había terminado de esa manera. Era como si la Flor que conocíamos hubiera sido arrancada de raíz por fuerzas que no podíamos controlar ni comprender.

Ella había soportado mucho en su vida. Su esposo, un hombre envuelto en prácticas oscuras y supersticiones, la sometía a un maltrato constante, erosionando poco a poco su espíritu. Flor trató de mantener su dignidad, de protegerse a sí misma y a sus hijos del veneno que su esposo inyectaba en su hogar, pero con el tiempo, las grietas comenzaron a aparecer. A pesar de su valentía, la batalla interna que libraba se hacía cada vez más difícil de soportar.

El día que encontraron su cuerpo en el río fue uno de los más oscuros que recuerdo. La noticia corrió por la familia como un relámpago, dejando un rastro de dolor y confusión. Todos nos preguntábamos lo mismo: ¿cómo pudo suceder esto? ¿Por qué no vimos las señales? ¿Por qué no pudimos ayudarla?

El Dolor Incalculable

La muerte de mi tía Flor dejó a la familia en un estado de shock y tristeza profunda. Nadie quería creer que se había quitado la vida, pero la duda persistía, y esa incertidumbre solo hizo que el dolor fuera aún más agudo. La idea de que alguien pudiera haberla empujado a ese destino, o peor, que alguien pudiera haber sido responsable de su muerte, atormentaba nuestras mentes. Sin embargo, nunca obtuvimos respuestas claras, y esa falta de cierre se convirtió en una herida abierta que la familia llevaría consigo por años.

Nunca superamos realmente la muerte de tía Flor. Su ausencia dejó un vacío imposible de llenar, y su muerte se convirtió en un recordatorio constante de las sombras que acechaban a nuestra familia. Cada vez que pensábamos en ella, el dolor volvía, acompañado de preguntas sin respuesta que nos dejaban más perdidos que antes.

La casa morada, que había sido testigo de tantas alegrías y penas, ahora cargaba con el peso de la tragedia de Flor. En las conversaciones, su nombre era mencionado con cuidado, como si hablar de ella demasiado pudiera reabrir la herida que aún no había sanado. A menudo, me encontraba pensando en su sonrisa, en la forma en que solía cuidar de nosotros, sus sobrinos, como si fuéramos sus propios hijos. Pero esos recuerdos felices siempre se mezclaban con la tristeza de su pérdida y el misterio de su muerte.

Para mi tía Vanessa, la muerte de Flor fue especialmente devastadora. Eran más que hermanas; eran confidentes, compañeras en la lucha diaria contra las dificultades que enfrentaba nuestra familia. Ver cómo esa conexión se rompía tan abruptamente fue un golpe del que nunca se recuperó del todo. Muchas veces la vi sentada en silencio, con la mirada perdida, como si reviviera en su mente cada momento que compartió con ella, buscando respuestas en los recuerdos.

El Peso del Silencio

El silencio que siguió a la muerte de Flor fue ensordecedor. Era como si hablar de ella, de lo que había pasado, fuera demasiado doloroso, demasiado complicado. En su lugar, tratábamos de seguir adelante, de reconstruir nuestras vidas, pero el peso de su ausencia se sentía en cada rincón de la casa. Incluso los niños, que tal vez no comprendían completamente lo que había sucedido, sentían la gravedad del ambiente, el cambio en la atmósfera que la muerte de Flor había traído.

En mi corazón, la muerte de tía Flor se convirtió en una lección amarga sobre la fragilidad de la vida, sobre cómo las sombras pueden consumir incluso a los más fuertes si no tienen a alguien a su lado para ayudarlos a luchar.

Cada rincón de la casa morada parecía llevar la marca de su ausencia. La silla en la que solía sentarse durante las reuniones familiares, la mesa donde compartíamos comidas y donde siempre tenía una palabra amable para todos, ahora estaban vacías, llenas de un silencio que parecía gritar su nombre. Cada objeto en la casa se convirtió en un recordatorio de su vida y de la forma en que se apagó tan inesperadamente.

Reflexión y Gratitud

Tía Flor, aunque tu vida fue corta y marcada por el sufrimiento, siempre serás recordada por tu fortaleza y tu capacidad de amar. Me enseñaste que, incluso en las circunstancias más difíciles, es posible seguir adelante, aunque el camino sea doloroso. Lamento que no hayas encontrado la paz en vida, pero sé que ahora estás en un lugar mejor. Gracias por enseñarme a valorar cada momento y a luchar por lo que es justo y verdadero. Tu legado de amor y resistencia vive en cada uno de nosotros, y aunque ya no estás físicamente con nosotros, tu espíritu sigue siendo una fuente de inspiración y fuerza.

Capítulo 8:

Superando los Límites del Dolor

Los Momentos Más Oscuros

Crecí en una casa donde el dolor y la tristeza parecían ser parte de la vida diaria, como si fueran huéspedes permanentes que nunca nos dejaban en paz. Recuerdo vívidamente las veces en que mi tío Lorenzo, ahogado en su propia desesperación, se volvía violento con mi tía Vanessa. Era como si la oscuridad en su corazón se desbordara, contaminando todo lo que tocaba. La casa, que alguna vez fue un refugio, se convertía en un lugar de miedo y angustia. El sonido de los gritos llenaba las noches, resonando en las paredes, y cada vez, el miedo se apoderaba de mí, porque no sabía hasta dónde llegaría su ira.

Mi tía Vanessa, la mujer que me crió y que asumió el rol de madre después de la muerte de mis padres, soportaba todo con una fortaleza que me desconcertaba. Era increíble ver cómo, a pesar de todo, ella permanecía firme. Nunca se defendía, ni siquiera alzaba la voz. Sus ojos, sin embargo, contaban otra historia: una mezcla de dolor, resignación y un amor profundo por un hombre que también estaba roto por dentro.

No podía comprender por qué mi tío era así, por qué la tristeza y la desesperación lo consumían de esa manera. Pero en el fondo, sabía que todo venía de una herida profunda: la muerte de su madre al nacer, y la culpa que mi abuelo le hizo cargar toda su vida. Esa culpa fue una marca indeleble en su alma, un peso que lo arrastraba hacia la oscuridad una y otra vez. Verlo luchar contra esos demonios era devastador, especialmente porque sabía que, en su interior, había una parte de él que solo quería ser amado y aceptado.

Estas experiencias no solo me marcaban a mí, sino que también dejaban una huella en mi hermano Paco. Aunque éramos pequeños, sabíamos que teníamos que ser fuertes. Nos uníamos en silencio, protegiéndonos mutuamente de la tormenta que parecía no tener fin. Sabíamos que no podíamos permitir que el dolor nos destruyera, porque si lo hacía, ¿quién cuidaría de nosotros? ¿Quién cuidaría de tía Vanessa? Esa pregunta nos mantenía firmes, nos obligaba a crecer antes de tiempo, a convertirnos en pequeños guardianes de nuestra propia seguridad emocional.

Los Desafíos del Día a Día

Convivir con la enfermedad mental en mi familia presentaba desafíos que ningún niño debería tener que enfrentar. Recuerdo días enteros llenos de miedo, observando a mis familiares perderse en su propio dolor. Eran días en los que el sol parecía no salir, en los que el aire mismo estaba cargado de una pesadez que hacía difícil respirar. Había momentos en que mi casa se convertía en una especie de prisión, donde el sufrimiento era la norma, y la esperanza, una rareza casi extinta.

Algunos días, mi primo Mateo no respondía, perdido en un estado tan profundo de depresión que ni siquiera podía moverse. Era como si estuviera atrapado en un pozo sin fondo, un lugar oscuro del que no podía escapar. Otros días, encontraba a mi tío Carlos encerrado en una habitación con llave, jugando con sus propias heces, o escuchaba los gritos desesperados de mi tía Silvia, rogando que la dejaran salir de las cadenas que la mantenían atada.

Ver a mi familia en esos estados era devastador. Me hacía sentir impotente, pequeña, y desesperada. Era como si un monstruo invisible acechara en nuestra casa, arrastrando a mis seres queridos hacia la locura, y no había nada que pudiera hacer para detenerlo. Alimentarlos a través de una rejilla, incapaces de controlar sus propios cuerpos o mentes, era una de las tareas más dolorosas que jamás tuve que realizar. Cada vez que me enfrentaba a esa realidad, deseaba con todas mis fuerzas no formar parte de esta familia, no ser testigo de esta cruda realidad.

La sensación de impotencia era abrumadora, y muchas veces deseé no formar parte de esta familia, de esta realidad tan cruda. Era un deseo que venía del dolor, del miedo, de la desesperación de una niña que solo quería un poco de paz, un poco de normalidad.

El Refugio en el Mundo Mágico

La única forma en que podía sobrellevar todo esto era escapando a mi mundo mágico. Cerraba los ojos y me transportaba a un lugar donde el sol siempre brillaba, donde los pájaros cantaban y las flores nunca se marchitaban. En mi mente, podía ser una niña normal, jugar con mi muñeca y reír sin miedo. Mi mundo mágico era mi refugio, un santuario que creé para no perderme en la desesperación que rodeaba mi vida diaria.

Allí, en mi mundo de fantasía, yo era la heroína de mi historia, capaz de salvar a todos los que amaba, capaz de transformar la tristeza en alegría. En mi mundo mágico, podía ser la niña que nunca fui en la realidad. Allí, todo era perfecto, lleno de canciones infantiles y sonidos de pájaros, lejos del caos que reinaba en la casa morada. Ese mundo fue mi refugio, mi salvación en medio del dolor.

En ese lugar, todo era diferente. No había gritos, ni llantos, ni sombras que acecharan. Allí, mi familia estaba sana y feliz, y yo podía correr libremente por campos de flores, sentir el viento en mi rostro y reír hasta que me doliera el estómago. Era un mundo donde el amor prevalecía, donde la enfermedad no existía, y donde el dolor no tenía cabida. Ese mundo me dio la fuerza para seguir adelante, para enfrentar la realidad con un poco más de esperanza en mi corazón.

La Transición a la Realidad

Con el tiempo, empecé a comprender que no podía vivir eternamente en mi mundo mágico. Aunque me protegía del dolor, también me alejaba de la realidad que necesitaba enfrentar. Aprendí que debía llevar un poco de esa magia, de esa fuerza interior, al mundo real, para poder ayudar a mi familia de verdad.

Fue entonces cuando decidí que no podía quedarme encerrada en mi propio refugio. Tenía que ser fuerte por los demás, por tía Vanessa, por Paco, y por todos aquellos que no podían defenderse de las sombras que los acechaban. Sabía que no podía cambiar el pasado ni curar las heridas que ya estaban abiertas, pero podía ofrecerles algo más: amor, comprensión, y la promesa de que no los dejaría solos.

Así, poco a poco, empecé a dejar mi mundo mágico y a enfrentar la realidad con la misma determinación que tenía en mis sueños. Sabía que no sería fácil, pero también sabía que la fortaleza que había encontrado en mi refugio podía ayudarme a superar cualquier obstáculo. Y con esa fortaleza, comencé a transformar mi dolor en amor, mi miedo en compasión, y mi tristeza en esperanza.

Reflexión y Gratitud

Tía Vanessa, aunque viviste en un mundo de sufrimiento y dolor, tu amor y tu fuerza nunca dejaron de brillar. Fuiste mi faro en medio de la tormenta, la persona que me enseñó a ser fuerte y a amar incondicionalmente, incluso cuando el mundo parecía estar en contra de nosotros. A todos mis familiares que lucharon contra sus propios demonios, les agradezco por mostrarme lo que significa verdaderamente ser valiente. Es por ustedes que encontré mi propósito y la fuerza para seguir adelante.

Hoy sé que el amor, el verdadero amor, es capaz de superar cualquier barrera, cualquier sombra. Es el amor el que me permitió ver más allá del dolor y encontrar la luz, una luz que ahora llevo conmigo para compartir con el mundo. Y aunque las cicatrices de esos años todavía están conmigo, no las veo como un recordatorio de sufrimiento, sino como la prueba de que el amor, en todas sus formas, puede sanar incluso las heridas más profundas.

Capítulo 9:
El Despertar del Amor
Incondicional

El Inicio del Desgaste

A medida que crecí, observé cómo mi tía Vanessa, la mujer que me crió y asumió el rol de madre después de la muerte de mis padres, comenzó a cambiar. Al principio, eran pequeños detalles: su risa se hizo menos frecuente, y sus ojos, antes llenos de vida, comenzaron a apagarse. Pero con el tiempo, esos cambios se hicieron más evidentes, hasta que un día me di cuenta de que la mujer fuerte y vibrante que había conocido se estaba desvaneciendo, consumida por la tristeza, el cansancio, y la soledad.

Recuerdo cómo, en los primeros años, mi

tía Vanessa era la fuerza vital de la casa morada. Siempre tenía una sonrisa para todos, una palabra amable, un gesto de cariño. Pero poco a poco, esas sonrisas se hicieron más escasas. La veía sentarse en la cocina, mirando al vacío, con las manos en su regazo, como si el peso del mundo descansara sobre sus hombros. Esa imagen se convirtió en algo cotidiano, y yo, siendo solo una niña, no entendía por qué mi tía, que siempre había sido tan fuerte, ahora parecía tan frágil.

Mi tía Vanessa siempre fue el pilar de nuestra familia, la que mantenía todo unido, la que cuidaba de todos, pero nunca de sí misma. Día tras día, la vi sacrificarse por su esposo, mi tío Lorenzo, y por sus hijos, mis primos, todos luchando con sus propias batallas internas. Pero en ese proceso, mi tía comenzó a perderse a sí misma, hasta el punto en que ya no era la mujer feliz y segura que solía ser.

La casa, que alguna vez fue un lugar de risas y amor, comenzó a llenarse de silencios incómodos. Mi tía Vanessa, que solía estar en el centro de todo, se retiraba más y más, como si se estuviera desvaneciendo. Su risa, que antes llenaba los pasillos, ahora era un eco distante, y sus ojos, que solían brillar con calidez, se apagaron, reflejando un cansancio profundo.

La Realización Dolorosa

Fue doloroso ver cómo mi tía, que siempre había sido tan fuerte, comenzó a flaquear. Se retiraba más y más, hasta el punto en que apenas comía y se cuidaba. Era evidente que se estaba agotando, tanto física como emocionalmente. Y mientras la veía desvanecerse, algo en mí cambió. Me di cuenta de que el amor incondicional que ella brindaba a los demás era hermoso, pero también me di cuenta de que, para poder seguir dando, ella necesitaba aprender a cuidarse a sí misma.

Recuerdo una noche en particular, cuando la encontré en la cocina, con la cabeza apoyada en sus manos, lágrimas silenciosas corriendo por su rostro. Mi corazón se rompió al verla así, y me acerqué a ella, sin saber qué decir o hacer. En ese momento, entendí que el peso que ella llevaba era demasiado grande para una sola persona. La vi como un ser humano vulnerable, no como la roca inquebrantable que siempre había sido para mí. Fue un despertar doloroso, pero necesario.

En ese momento, entendí algo crucial: para poder cuidar a los demás, primero debemos cuidarnos a nosotros mismos. No podemos ser los salvadores de todos si nosotros mismos estamos destruidos. El amor es un recurso poderoso, pero también requiere que lo demos a nosotros mismos. Mi tía Vanessa estaba sacrificando su bienestar por el de los demás, y eso estaba llevándola al límite.

El Despertar del Amor Propio

Esta realización fue un despertar para mí. Comprendí que el verdadero amor no solo consiste en dar a los demás, sino también en darnos a nosotros mismos lo que necesitamos para ser fuertes y estar sanos. Vi en mi tía un reflejo de lo que podría ser mi futuro si no aprendía esta lección. Así que decidí que, aunque el amor que sentía por mi familia era inmenso, debía empezar a practicar también el amor propio. Solo así podría ser la persona que ellos necesitaban y, al mismo tiempo, mantenerme firme y sana en el proceso.

Decidí observar a mi tía Vanessa con más atención, intentando aprender de sus sacrificios y de sus errores. Comencé a darme cuenta de que el amor no podía ser solo un acto de dar hasta que no quede nada. Tenía que haber un equilibrio, un flujo constante entre el dar y el recibir. Comprendí que para poder ayudar realmente a mi familia, necesitaba estar en paz conmigo misma, cuidar de mi bienestar emocional y físico.

Me di cuenta de que, al igual que mi tía, yo tenía un gran amor por mi familia, pero si quería ayudarles de verdad, tenía que aprender a amarme a mí misma. A partir de ese momento, decidí que mi misión no solo sería cuidar de ellos, sino también cuidarme a mí misma para poder darles lo mejor de mí.

El Poder del Amor Incondicional

Este cambio de perspectiva me hizo sentir más fuerte. Entendí que el amor a una familia tan especial como la mía no es solo un acto de sacrificio, sino también un acto de valentía y sabiduría. Somos seres especiales, quizás enviados para enseñar a los demás que el amor incondicional puede florecer, incluso en las condiciones más adversas. Mi familia, a pesar de todas sus dificultades, me enseñó que el amor es la clave para superar cualquier obstáculo, y que, al final, lo que importa no es cómo empezamos, sino cómo decidimos continuar.

Entendí que el amor a una familia tan especial como la mía es porque somos seres especiales, tal vez enviados para enseñar a los demás que el amor incondicional puede sanar, que puede transformar, incluso en las circunstancias más difíciles. No somos diferentes, somos iguales a todos los demás, porque en cada familia, en algún lugar, hay alguien que enfrenta sus propios desafíos. Y ese amor, cuando se da con todo el corazón, tiene el poder de cambiarlo todo.

Con el tiempo, mi tía Vanessa también empezó a entender esta lección. Aunque el cambio fue lento, comencé a notar pequeños gestos: tomarse un tiempo para ella misma, permitirse descansar, delegar responsabilidades. Fueron pasos pequeños, pero cada uno de ellos fue un recordatorio de que el amor propio no es egoísmo, sino una necesidad para poder seguir adelante.

Reflexión y Gratitud

Tía Vanessa, tu sacrificio y tu amor me enseñaron una lección invaluable. Aprendí que el amor no solo se da a los demás, sino también a uno mismo. Gracias por mostrarme la importancia de cuidarme para poder cuidar de los que amo. A través de ti, comprendí que el verdadero poder del amor radica en su capacidad para sanar, para transformar, y para sostenernos en los momentos más difíciles. Te honro por ser la madre que Dios me envió cuando más lo necesitaba, y por enseñarme a amar de la manera más pura y completa.

Capítulo 10: La Aplicación del Amor Incondicional

Sacrificando la Niñez por elAmor

Desde muy pequeña, mi vida se vio marcada por una responsabilidad que pocos niños conocen. Dejé de ser una niña para convertirme en una cuidadora, no porque me lo pidieran, sino porque el amor por mi familia me impulsó a hacerlo. Mientras otros niños jugaban y disfrutaban de su infancia, yo me encontraba ayudando a mi tía Vanessa a cuidar de los miembros de nuestra familia que necesitaban atención constante. Mis días se llenaban de tareas que iban mucho más allá de lo que cualquier niño debería experimentar: administrar medicamentos, calmar crisis, y enfrentar la realidad de la enfermedad mental en mi hogar.

Cada mañana, mientras otros niños se preparaban para ir a la escuela o jugar, yo comenzaba mi día con la tarea de recordar a mi tío Lorenzo que debía tomar sus medicinas. No siempre era fácil. Había días en los que me miraba con desconfianza, como si no me reconociera, como si yo fuera un extraño que intentaba hacerle daño. Sus ojos, antes llenos de vida, estaban ahora nublados por la confusión y el miedo. Intentaba tranquilizarlo, hablarle con dulzura, pero había veces en las que nada de lo que decía parecía llegar a él.

Mi infancia se fue desvaneciendo en esos momentos, reemplazada por una madurez forzada, por una comprensión dolorosa de que la vida que me había tocado vivir era diferente a la de los demás niños. No había tiempo para los juegos, no había espacio para las risas sin preocupaciones. Mi realidad era otra, una en la que el amor y el sacrificio iban de la mano, en la que aprendí, desde muy pequeña, que a veces el amor significa dar todo de uno mismo, incluso cuando parece que no queda nada más por dar.

Los Desafíos de Cuidar conAmor

Cuidar de mi familia fue, y sigue siendo, una tarea llena de desafíos. Hubo momentos en los que ellos mismos, cegados por su dolor y confusión, me odiaban. Me insultaban, rechazaban la ayuda que intentaba brindarles, y se negaban a tomar sus medicamentos. Uno de los aspectos más difíciles de la enfermedad mental es que quienes la padecen a menudo no reconocen que están enfermos. En sus ojos, son las personas a su alrededor quienes tienen un problema, no ellos. Están atrapados en un mundo propio, una realidad distorsionada donde su dolor es el único que existe.

Recuerdo una tarde en particular, cuando intentaba ayudar a mi primo Mateo a tomar su medicación. Estaba en medio de una crisis, su mente enredada en pensamientos oscuros que lo mantenían prisionero. Se negaba a tomar las pastillas, arrojándolas al suelo con furia. Sus ojos, llenos de lágrimas, me miraban como si fuera la causa de todo su sufrimiento. "No me ayudes más, no quiero verte," me gritó, su voz quebrada por la desesperación.

Esos momentos me desgarraban. Ver a alguien que amaba tanto en ese estado, y saber que no podía hacer nada más que estar allí, era una carga pesada. Había días en los que me sentía agotada, no solo físicamente, sino emocionalmente. Había días en los que quería huir, alejarme de todo, pero el amor me ataba, me mantenía firme, me recordaba que debía ser fuerte por ellos, porque si yo caía, ¿quién estaría para ayudarles?

El Cambio de Perspectiva: De la Oscuridad a la Luz

A medida que pasaba el tiempo, mi perspectiva comenzó a cambiar. A través de lecturas de metafísica y buscando ayuda alternativa, empecé a entender que no era una víctima de mi situación, sino alguien con un propósito. Elegí a esta familia antes de nacer, porque sabía que tenía algo que aprender y algo que enseñar. Mi misión era iluminar la oscuridad que el mundo veía en mi familia, y mostrar que, en realidad, estábamos llenos de luz.

Comencé a ver que cada día, cada sacrificio, era una oportunidad para aprender algo nuevo sobre el amor, sobre la fuerza interior, sobre la resiliencia. Aprendí que el amor incondicional no solo significa estar allí para los demás, sino también encontrar la manera de mantener viva la esperanza, incluso en los días más oscuros. Empecé a ver que, aunque mi familia luchaba con sombras que a veces parecían insuperables, había en cada uno de ellos una chispa de luz que no se apagaba, una fuerza que, aunque debilitada, seguía luchando por sobrevivir.

Mis emociones y pensamientos también cambiaron. Dejé de sentir rencor hacia quienes no entendían lo que vivíamos, y comencé a aceptar nuestra verdad. Aprendí a no juzgar, a reconocer la belleza en medio del dolor, y a ver que cada miembro de mi familia tenía una luz única, incluso si el mundo pensaba que estábamos perdidos en la oscuridad.

Reflexión y Gratitud

A través de todos los desafíos, aprendí que el amor incondicional no solo es posible, sino que es la clave para superar cualquier obstáculo. Tía Vanessa, te honro por ser mi ejemplo de este amor. A pesar de todo, elegiste amar, y me enseñaste que el amor es la fuerza más poderosa de todas. A mis familiares, que lucharon y continúan luchando, les agradezco por mostrarme que incluso en los momentos más oscuros, el amor puede ser un faro de esperanza. Es en esos momentos, cuando la oscuridad parece más profunda, que el amor brilla con más intensidad. Y es ese amor, ese amor incondicional, el que nos mantiene unidos, el que nos da la fuerza para seguir adelante, para creer que, a pesar de todo, siempre hay una luz al final del túnel.

Capítulo 11:
La Fortaleza del Corazón

Manteniendo el Propósito en Medio de la Adversidad

Desde el principio, entendí que mi vida no sería fácil. Crecer en una familia donde la enfermedad mental era una realidad constante significaba que, desde muy joven, tuve que enfrentar desafíos que otros niños ni siquiera podían imaginar. Pero en medio de esas dificultades, siempre supe que tenía un propósito. Sentía en lo más profundo de mi ser que debía ser un ejemplo, no solo para mi hermano Paco, sino para toda mi familia y, eventualmente, para el mundo.

Recuerdo que, a medida que los días pasaban, empecé a notar las diferencias entre mi vida y la de los otros niños en mi escuela. Ellos hablaban de vacaciones familiares, de cumpleaños llenos de amigos, de días soleados sin preocupaciones. Mientras tanto, yo vivía en un mundo donde las sombras eran una presencia constante, donde los días podían cambiar de luminosos a oscuros en cuestión de minutos, dependiendo del estado emocional de mi familia. Estas diferencias no solo eran evidentes, sino que se volvían más pronunciadas a medida que crecíamos. Y aunque envidiaba, en silencio, la normalidad de sus vidas, también sentía una responsabilidad más grande, una responsabilidad que me diferenciaba de ellos.

La Carga del Conocimiento

Uno de los momentos más impactantes de mi niñez fue cuando me di cuenta de que entendía cosas que otros niños ni siquiera podían imaginar. Sabía cómo consolar a mi tío Lorenzo cuando tenía uno de sus episodios, cómo distraer a mi prima Tatiana para que no cayera en su estado de obsesión. Mientras otros niños aprendían sobre matemáticas y geografía, yo aprendía a identificar los signos de un colapso emocional, a prever cuando una crisis estaba a punto de estallar.

En mi mente, constantemente me preguntaba por qué me había tocado a mí esta vida. ¿Por qué no podía tener una infancia como la de los demás? Pero cada vez que esos pensamientos invadían mi mente, me recordaba que tenía un propósito. Que Dios, en Su infinita sabiduría, me había colocado en esta familia por una razón. Aunque era una niña, comprendí que había algo más grande en juego, algo que no podía entender completamente en ese momento, pero que sentía profundamente en mi corazón.

La Fortaleza del Corazón

Lo que me dio la fuerza para seguir adelante fue mi convicción de que debía ser la voz que el mundo necesitaba escuchar. Quería mostrarles que la vida no es tan fácil como muchos creen, que vivir en un hogar como el mío, lleno de luchas internas y monstruos invisibles, era un desafío constante. Pero también sabía que tenía la capacidad de cambiar esa narrativa, de transformar la realidad a través de mi imaginación y mi enfoque en el amor y la alegría.

Recuerdo las noches en las que me sentaba junto a mi ventana, mirando las estrellas y preguntándome si algún día todo esto tendría sentido. Mientras otros niños soñaban con convertirse en astronautas o médicos, yo soñaba con un mundo donde mi familia estuviera sana, donde no tuviéramos que vivir con el miedo constante de que algo terrible sucediera. Esos sueños me dieron la esperanza y la fuerza para seguir adelante, para creer que, de alguna manera, mi vida y la de mi familia podrían mejorar.

Resiliencia en la Cara de los Monstruos Invisibles

Enfrentar esos monstruos invisibles no fue fácil. Cada uno de mis familiares cargaba con su propia frustración, sus propios delirios y dolores. A veces, me sentía abrumada por la magnitud de lo que estaba enfrentando. Pero siempre me ponía mi mejor armadura, la de la fortaleza y el amor, y me adentraba en mi mundo mágico, donde podía encontrar refugio y recargar mis energías.

En mi mundo mágico, podía ser la niña que nunca fui en la realidad. Allí, todo era perfecto, lleno de canciones infantiles y sonidos de pájaros, lejos del caos que reinaba en la casa morada. Ese mundo fue mi refugio, mi salvación en medio del dolor.

ElAmor como Guía

El amor fue siempre mi guía. En medio de las luchas diarias, descubrí que amar a los demás, incluso cuando no podían devolver ese amor, era lo que me mantenía firme. Ver la luz en los ojos de mi familia, incluso cuando estaban atrapados en su propio dolor, me dio la motivación para seguir adelante. Sabía que mi misión era ser el puente entre su mundo y el mío, el lazo que los conectaba con una realidad más luminosa y esperanzadora.

El desafío no solo radicaba en amar a

pesar del dolor, sino en mantener ese amor vivo en mí. Hubo días en que sentía que todo era en vano, en que el agotamiento físico y emocional me dejaba sin aliento. Pero en esos momentos, me recordaba que mi amor por ellos era la fuerza que me impulsaba a seguir, que el sacrificio que hacía valía la pena si podía aliviar, aunque fuera un poco, el sufrimiento de mi familia.

LeccionesAprendidas en el Camino

Con el tiempo, aprendí que la verdadera fortaleza no consiste en nunca caer, sino en levantarse una y otra vez, sin importar cuántas veces la vida te derribe. Aprendí que el amor incondicional no significa solo amar en los buenos tiempos, sino también en los momentos de oscuridad, cuando todo parece perdido. Aprendí a ver más allá de la enfermedad, a reconocer la belleza que aún existía en cada uno de mis familiares, a pesar de las sombras que los rodeaban. A través de todo esto, desarrollé una capacidad única para encontrar la luz en medio de la oscuridad. Empecé a entender que, aunque no podía cambiar la situación de mi familia, sí podía cambiar la manera en que la vivíamos. Elegí enfocarme en los momentos de amor, en las pequeñas victorias diarias, en las sonrisas que aún podíamos compartir. Y así, poco a poco, la fortaleza del corazón se convirtió en mi mayor aliada.

Reflexión y Gratitud

A mi familia, les agradezco por enseñarme lo que significa verdaderamente ser fuerte. Gracias a ustedes, entendí que el amor es la fuerza más poderosa, capaz de transformar incluso las realidades más difíciles. A todos los que enfrentan sus propios monstruos invisibles, les digo que no están solos. El amor y la resiliencia son las herramientas que nos permiten superar cualquier obstáculo. No importa cuán profundas sean las sombras, siempre hay una luz que podemos encender desde dentro. Ese es el poder del amor: nos sostiene, nos guía y, en última instancia, nos libera de los miedos que intentan aprisionarnos.

Capítulo 12:
El Legado del Amor

ElAmor Incondicional de MiAbuelo Sebastián

Mi abuelo Sebastián fue el hombre que me enseñó el verdadero significado del amor incondicional. A lo largo de su vida, enfrentó innumerables dificultades, desde las luchas diarias para mantener a la familia unida hasta los desafíos emocionales que surgieron al ver a sus seres queridos sufrir. Sin embargo, a pesar de todo, nunca dejó de cuidarnos con una dedicación y amor que eran incomparables.

Recuerdo que cuando era pequeña, me sentía segura simplemente al estar cerca de él. Su presencia era como un escudo protector que me rodeaba, haciéndome sentir que, sin importar lo que ocurriera en el mundo exterior, dentro de su abrazo estaba a salvo. Siempre encontraba tiempo para nosotros, incluso en los días más difíciles. Cada mañana, me despertaba con una sonrisa, una sonrisa que me decía que todo estaría bien, que podíamos superar cualquier cosa juntos. Él tenía la increíble habilidad de hacer que cada uno de nosotros se sintiera especial, amado y valorado.

Las lecciones que me dejó mi abuelo no solo eran sobre cómo ser fuerte en tiempos de adversidad, sino también sobre cómo amar sin esperar nada a cambio. Su amor era puro, sin condiciones ni reservas. No importaba lo que hiciera o cuántas veces cometiera errores, siempre estaba ahí para apoyarme, para guiarme con su sabiduría y experiencia. Sus consejos siempre estaban llenos de paciencia y comprensión, nunca de juicio. Y aunque ya no está con nosotros, su legado sigue vivo en mi corazón, en cada decisión que tomo, y en la forma en que elijo vivir mi vida.

Cada año, en mi cumpleaños, sin importar cuán ocupada estuviera la vida, mi abuelo Sebastián se aseguraba de que fuera un día especial. Preparaba mi bizcocho favorito con sus propias manos, decorándolo con flores que había recogido del jardín. Con una dedicación que siempre me emocionaba, cantaba el cumpleaños feliz y me entregaba las flores con una sonrisa que iluminaba la habitación. Estos momentos son algunos de los recuerdos más preciados de mi infancia, momentos que me enseñaron lo que significa ser verdaderamente amado. Aunque ya no estés físicamente, abuelo, sé que sigues cuidándome desde donde estés. Fuiste mi columna, mi admiración y respeto, y gracias a ti, soy la mujer que soy hoy.

La Fortaleza y Compasión de Mi Tía Vanessa

Mi tía Vanessa fue una figura de fortaleza y amor incondicional en mi vida. Ella asumió el rol de madre para mí después de que mis padres fallecieron, y fue quien me enseñó a ser fuerte y compasiva, no solo en palabras, sino a través de sus acciones diarias. Su amor por la familia era tan profundo que, a pesar de los desafíos que enfrentaba, nunca dejó que el peso de la responsabilidad la quebrara. La forma en que cuidaba de mi tío Lorenzo y de mi tía Margarita con una ternura y dedicación incomparables me mostró que el amor verdadero se expresa en los actos más pequeños y en los sacrificios más grandes.

Había días en los que la vida en la casa morada parecía ser una lucha interminable contra las sombras de la enfermedad mental que acechaban a mi familia. Sin embargo, mi tía Vanessa siempre encontraba la manera de iluminar incluso los días más oscuros. La veía levantarse antes que todos, preparar el desayuno y asegurarse de que cada uno de nosotros recibiera un beso y una sonrisa antes de salir al mundo. A pesar del cansancio que seguramente sentía, nunca dejó de mostrarnos amor.

Recuerdo las noches en las que mi tío Lorenzo tenía uno de sus episodios más difíciles. Mi tía Vanessa se quedaba a su lado, sosteniéndole la mano, murmurando palabras de consuelo mientras él luchaba contra los demonios en su mente. No importaba cuántas horas pasaran, ella permanecía allí, inquebrantable, ofreciéndole la paz que él tanto necesitaba. Este sacrificio, este amor incondicional, fue un ejemplo que dejó una huella imborrable en mi corazón.

Tía Vanessa, gracias a ti aprendí que el amor no se mide en palabras, sino en acciones. Te vi alimentar a mi tío Lorenzo y a mi tía Margarita cuando ellos no podían hacerlo por sí mismos, te vi cuidar de ellos sin descansar, dándoles no solo comida, sino también consuelo, tranquilidad y amor. A pesar de tus propias luchas, nunca dejaste de ser fuerte para ellos, y me enseñaste que el amor puede triunfar incluso en las circunstancias más difíciles. Sé que cuando Dios se llevó a mi querido tío Lorenzo, lo hizo con la paz de saber que fue amado por la mujer que cuidó de él toda su vida. Aunque él nunca pudo expresarlo con palabras, creo que tú siempre supiste cuánto te amaba.

El Legado del Amor: Una Lección para la Vida

El legado de amor que me dejaron mi abuelo Sebastián y mi tía Vanessa es algo que llevo conmigo cada día. Me enseñaron a ser fuerte, a amar incondicionalmente y a cuidar de los demás, incluso cuando la vida se vuelve difícil. Su ejemplo me mostró que el amor es la fuerza que mantiene a las familias unidas, que cura las heridas más profundas y que da sentido a la vida.

Este legado de amor no solo me ha dado la fuerza para enfrentar los desafíos de mi propia vida, sino que también me ha inspirado a ser una luz para los demás. Quiero que aquellos que lean mi historia comprendan que el amor verdadero no conoce límites, que es capaz de sanar incluso los corazones más heridos, y que, al final, es lo único que realmente importa. A través del amor de mi abuelo y de mi tía, aprendí que podemos superar cualquier adversidad, y es ese amor el que quiero compartir con el mundo.

Su legado no es solo una serie de recuerdos o enseñanzas, sino una forma de vida, una filosofía que ha moldeado mi existencia y que me impulsa a seguir adelante, a luchar por un mundo donde el amor sea la respuesta a cada desafío. Sé que no es fácil, que a veces la vida nos pone a prueba de maneras que parecen insuperables, pero he aprendido que con amor y determinación, podemos encontrar la fuerza para continuar, para transformar el dolor en esperanza y las dificultades en oportunidades de crecimiento.

Reflexión y Gratitud

A mi abuelo Sebastián, te agradezco por ser mi guía, mi protector y mi mayor ejemplo de lo que significa ser fuerte y amar incondicionalmente. Tu legado vive en mí cada día, y aunque ya no estés aquí, siempre serás mi columna, mi admiración, y la razón por la que sigo adelante. A mi tía Vanessa, te honro por ser la madre que Dios me envió cuando más la necesitaba, por enseñarme a ser fuerte, compasiva y amorosa. Gracias a ustedes, soy la mujer que soy hoy, y por eso, les estaré eternamente agradecida.

Capítulo 13:
El Final del Viaje, El Inicio de una Nueva Vida

Un Viaje Lleno de Desafíos y Amor

Al mirar hacia atrás en mi vida, es imposible no ver un camino lleno de desafíos, marcado por momentos de dolor y tristeza, pero también por instantes de inmenso amor y alegría. Crecer en una familia donde la enfermedad mental era una constante me enseñó lecciones que pocos aprenden, lecciones que han transformado mi forma de ver el mundo y, más importante aún, mi manera de amar.

Recuerdo con claridad aquellos días en la casa morada, donde la risa y las lágrimas coexistían bajo el mismo techo. Mi tía Vanessa, con su incansable dedicación, y mi abuelo Sebastián, con su amor firme y protector, fueron mis pilares en un mundo que a veces parecía desmoronarse. En esos días de incertidumbre, donde la enfermedad mental era un espectro que siempre acechaba, descubrí que el amor era nuestra única constante, nuestra única esperanza.

Hubo momentos en los que el peso de la responsabilidad parecía demasiado grande para soportar. Pero, a pesar de todo, el amor que nos unía siempre encontraba una manera de aliviar la carga, de recordarnos que, a pesar de todo el dolor, seguíamos siendo una familia. Aprendí que el amor no siempre es fácil, pero es la única fuerza que puede transformar verdaderamente las vidas.

Transformando el Dolor en Amor

La enfermedad mental puede ser cruel,

no solo para quien la padece, sino para todos los que están a su alrededor. Es un peso que puede romper a las familias, desgarrar relaciones y sembrar la desesperanza. Sin embargo, en medio de todo ese dolor, descubrí una verdad poderosa: el amor tiene el poder de transformar incluso las circunstancias más desesperadas.

Cada diagnóstico en mi familia fue un golpe, una herida que no sabíamos cómo curar. Pero en lugar de dejar que esas heridas nos destruyeran, elegimos amarnos más profundamente. Aprendimos que el amor no significa negar la realidad de la enfermedad, sino abrazarla con compasión y entendimiento. Aprendimos a ver más allá de los síntomas, a ver a la persona que estaba detrás del diagnóstico, y a amar con un corazón lleno de empatía y paciencia.

Recuerdo cómo, en los días más oscuros, mi tía Vanessa me enseñó que la verdadera fortaleza reside en la capacidad de amar incluso cuando es difícil. Verla cuidar de mi tío Lorenzo y de mis primos, a pesar de sus propias luchas, me enseñó que el amor es el mayor acto de valentía. Me mostró que el amor no es solo un sentimiento, sino una decisión diaria de estar presente, de ofrecer apoyo, y de creer que la luz siempre puede romper la oscuridad.

El Amor como Camino Hacia la Sanación

El amor no es una cura mágica para la enfermedad mental. No hace que los síntomas desaparezcan ni que el dolor se esfume de la noche a la mañana. Pero lo que sí hace es permitirnos convivir con la enfermedad de una manera que no solo es tolerable, sino profundamente sanadora.

En mi viaje, entendí que el amor nos da la fuerza para enfrentar lo que parece insuperable. Nos permite aceptar a nuestros seres queridos tal como son, con todas sus luchas y sus defectos, y aún así, elegir amarlos incondicionalmente. Este amor incondicional es lo que nos mantiene unidos, lo que nos da la fortaleza para seguir adelante, incluso en los días más oscuros.

La sanación no siempre viene en forma de recuperación completa, pero sí puede manifestarse en los pequeños momentos de conexión, en la capacidad de estar presente y de ofrecer un espacio de seguridad y aceptación. A través del amor, encontré una forma de sanar mi propio corazón, de transformar mi dolor en una fuente de compasión y fuerza.

Reflexiones sobre el Propósito y el Legado

A lo largo de mi vida, he aprendido que mi verdadero propósito es ser un faro de amor y esperanza, especialmente en los momentos más oscuros. He vivido junto a seres queridos que enfrentan la dura realidad de la enfermedad mental, y aunque no puedo decir que haya sido fácil, puedo afirmar con certeza que el amor ha sido mi mayor fuerza.

El amor no es simplemente un sentimiento; es un acto de valentía, una promesa silenciosa de estar ahí, incluso cuando las cosas se ponen difíciles. Es elegir, día tras día, abrazar a aquellos que nos rodean, con todas sus imperfecciones y dolores. Es mirar más allá del diagnóstico, más allá de la enfermedad, y ver a la persona que está luchando, a la persona que necesita ser amada, no por lo que enfrenta, sino por quien es.

Mis abuelos, Sebastián y Vanessa, me mostraron con su ejemplo que el amor puede romper cualquier barrera, que es capaz de sanar las heridas más profundas, incluso las que no podemos ver. Me enseñaron que el amor es como un hilo invisible que nos conecta, que nos sostiene cuando sentimos que estamos a punto de caer. Ese es el legado que me dejaron, y es el que quiero dejar a mis lectores: el amor como la fuerza más poderosa que tenemos.

Hubo días en los que el dolor parecía demasiado grande, días en los que me preguntaba si el amor sería suficiente para mantenernos unidos. Pero entonces, recordaba las palabras de mi abuelo: "El amor es la única cosa que puede transformar lo imposible en posible. Es el único poder que puede cambiar la realidad."

Y con esas palabras, encontraba la fuerza para seguir adelante, para seguir amando, incluso cuando todo lo demás parecía incierto.

El Poder del Amor: Una Reflexión Final

Convivir con la enfermedad mental en la familia es una experiencia que te cambia para siempre. Te enseña lo frágil que puede ser la vida, pero también lo increíblemente fuerte que puede ser el corazón humano. Es un camino lleno de altibajos, de momentos en los que la desesperanza parece ganar, pero también de momentos en los que una simple sonrisa, un abrazo, o una palabra de aliento pueden cambiarlo todo.

Quiero que quienes lean esta historia sepan que, aunque la enfermedad mental puede parecer una montaña insuperable, el amor y la esperanza son las cuerdas que te ayudarán a escalar. El amor no elimina la enfermedad, pero puede transformar la manera en que la enfrentamos. Nos da el poder de ver la belleza en medio del caos, de encontrar paz en medio del dolor, y de descubrir que la vida, a pesar de todo, sigue siendo un regalo precioso.

El amor es lo que nos conecta, lo que nos recuerda que no estamos solos en este viaje. Quiero que sientas, al leer estas palabras, que alguien más ha caminado por este camino antes, que alguien más ha sentido lo que tú sientes, y que juntos, podemos encontrar una forma de seguir adelante.

El Inicio de una Nueva Vida

Este capítulo final no es el cierre de mi historia, sino el comienzo de algo nuevo. A lo largo de este viaje, he aprendido que el amor y la esperanza son más que palabras;

son el motor que nos impulsa, la luz que nos guía, y la razón por la que seguimos adelante, incluso cuando el camino es difícil.

Estoy aquí para decirte que, aunque la vida puede ser dura, siempre hay algo por lo que vale la pena luchar. Siempre hay una razón para amar, una razón para tener esperanza. Este no es el final; es el comienzo de una nueva vida, una vida donde el amor y la esperanza son las fuerzas que nos sostienen y nos permiten ver la belleza, incluso en las circunstancias más desafiantes.

Conclusión: Conviviendo con la Enfermedad Mental:

Cómo Transformé los Diagnósticos con el Poder del Amor

Este libro es una prueba de que, aunque convivir con la enfermedad mental es un desafío inmenso, también puede ser una puerta hacia el descubrimiento de lo que significa amar verdaderamente. El amor que he experimentado y compartido en este viaje no es simplemente un acto, sino una elección que se renueva cada día, una fuente constante de luz en medio de la oscuridad. Mi invitación para ti, que has recorrido estas páginas conmigo, es que elijas siempre el amor, incluso cuando parezca la opción más difícil.

A lo largo de este camino, he llegado a entender que el amor tiene una capacidad extraordinaria para sanar y dar sentido a nuestras vidas. Nos enseña a ver más allá del dolor, a encontrar belleza en medio de la lucha, y a sostenernos cuando todo parece derrumbarse. El amor no elimina los desafíos, pero sí transforma la manera en que los enfrentamos, dándonos la fuerza para seguir adelante, pase lo que pase.

Si algo deseo que lleves contigo de esta historia, es la convicción de que siempre hay una opción para elegir el amor. Es un acto de coraje y de fe, que puede cambiar no solo nuestras propias vidas, sino también las de aquellos que nos rodean. Así que, cuando te enfrentes a la adversidad, recuerda que tienes en tus manos el poder de transformar cualquier situación a través del amor.

Este es el legado que espero dejar: que en cada momento, en cada decisión, el amor sea la guía que ilumine tu camino. Porque es a través del amor que encontramos la verdadera paz y la posibilidad de un futuro mejor.

Epílogo

A lo largo de este viaje, he compartido las lecciones que la vida me ha enseñado, las batallas que he enfrentado y el amor que ha sido el ancla de mi existencia. Sin embargo, esta historia no concluye aquí; es solo el comienzo de un nuevo capítulo. Mi mayor esperanza es continuar utilizando el poder del amor para sanar, no solo a mi familia, sino también a todas aquellas personas que necesitan una mano amiga, una palabra de aliento o simplemente alguien que esté dispuesto a escuchar.

Quiero que estas páginas se conviertan en un faro para quienes se sienten perdidos en la oscuridad, una guía que les recuerde que no están solos. Porque, aunque el camino sea difícil, siempre hay una luz al final del túnel, y con amor, cualquier obstáculo puede ser superado.

Este es el legado que quiero dejar: un mensaje de amor que perdure, que siga inspirando y reconfortando a otros, mucho después de que estas páginas se hayan cerrado. Mi deseo es que cada lector, al terminar este libro, sienta que ha encontrado una compañera en su propio viaje, y que juntos, podemos enfrentar lo que venga con valentía y con amor.

Herramientas para tu Viaje: Recursos Prácticos para Convivir con la Enfermedad Mental

Al finalizar este viaje a través de mis experiencias y aprendizajes, quiero ofrecerte algunas herramientas prácticas que he encontrado útiles a lo largo del camino. Estas no solo han sido fundamentales en mi vida, sino que también espero que sean valiosas para ti en tu propio viaje.

1. Estrategias de Autocuidado Basadas en mi Experiencia

- Prácticas de Mindfulness y Meditación: El mindfulness y la meditación diaria han sido pilares fundamentales en mi proceso de sanación. Dedicar unos minutos cada día a respirar profundamente y enfocarte en el momento presente puede ayudarte a encontrar paz interior, incluso en medio de la adversidad. Puedes comenzar con una meditación guiada sencilla, enfocándote en tu respiración o en un mantra que te inspire paz y fortaleza.

- Diario de Gratitud Personalizado: Mantener un diario de gratitud ha transformado mi perspectiva, permitiéndome ver la belleza incluso en los días más oscuros. Te animo a que escribas tres cosas por las que estás agradecido cada día. No importa lo pequeñas que sean, cada una es un recordatorio de que, a pesar de las dificultades, hay aspectos de la vida que merecen ser celebrados.

- Visualizaciones y Afirmaciones Positivas: Las visualizaciones y afirmaciones positivas son herramientas poderosas para mantener la mente enfocada en la sanación y el bienestar. Dedica unos minutos cada día a visualizar un futuro donde la paz y el amor prevalecen en tu vida y la de tus seres queridos. Puedes usar afirmaciones como "Soy fuerte, y mi amor tiene el poder de sanar", repitiéndolas varias veces al día.

2. Grupos de Apoyo y Redes Sociales

- Creación de un Grupo de Apoyo Propio: A través de los años, he aprendido que no estamos solos en nuestras luchas. Por eso tengo un grupo de apoyo en "DLa Mano Contigo; Guiándote en la Enfermedad Mental " donde compartimos nuestras experiencias, ofrecer y recibir apoyo, y aprender juntos. Si estás interesado en unirte, mantente al tanto de las actualizaciones a través de mis redes sociales, @mildredgonzalez.coach o @mildredgonzalezcoach.

- Redes Sociales y Comunidades: Te invito a seguir mis plataformas en redes sociales, donde comparto contenido enfocado en la salud mental, la resiliencia y el poder del amor incondicional. A través de estas comunidades, podemos mantenernos conectados y apoyarnos mutuamente en nuestros viajes individuales @mildredgonzalezcoach.

3. Consejos de Cuidado Personal para Cuidadores

- Técnicas para Cuidadores: Si eres un cuidador de alguien que padece una enfermedad mental, es crucial que también cuides de ti mismo. Aquí te comparto algunas prácticas que me ayudaron a mantener mi salud mental y emocional:

  ◦ Establece Límites: Aprende a decir no cuando sea necesario y asegúrate de tener tiempo para ti mismo.

  ◦ Busca Apoyo: No tengas miedo de pedir ayuda. Ya sea un amigo, un profesional o un grupo de apoyo, compartir tu carga puede hacer una gran diferencia.

  ◦ Cuidado Físico: Mantén una rutina de

ejercicio, alimentación balanceada y descanso adecuado. Tu bienestar físico es fundamental para tu capacidad de cuidar a los demás.

- Ejercicios de Respeto y Compasión: Aquí te dejo un ejercicio práctico para cultivar la compasión hacia ti mismo y hacia los demás: cada día, dedica un momento a reflexionar sobre algo que hayas hecho bien. Reconoce tus esfuerzos y perdónate por cualquier error. Este simple acto de amabilidad contigo mismo fortalecerá tu capacidad de ser compasivo con los demás.

4. Organizaciones y Recursos en Línea en Español

- Organizaciones de Apoyo en Español:

  - NAMI (National Alliance on Mental Illness): Tiene recursos en español y ofrece grupos de apoyo para familiares de personas con enfermedades mentales.

- Mental Health America (MHA): Ofrece información y recursos en español para la comunidad hispana.

- Consejería de Salud Mental en Español: Busca organizaciones locales en tu país o región que ofrezcan servicios de consejería y apoyo en español.

5. Técnicas de Bienestar Inspiradas en mi Método

- Talleres y Seminarios: Estoy desarrollando talleres y seminarios enfocados en técnicas de bienestar, amor incondicional y salud mental. Estos eventos serán una oportunidad para que te guíe personalmente en el aprendizaje y la aplicación de estas técnicas. Mantente informado a través de mis redes sociales y página web: mildredgonzalezcoach.com.

Conclusión:

Espero que estas herramientas te sirvan como guía en tu camino hacia la sanación y el amor incondicional. Recuerda que no estás solo en este viaje, y que, con amor y compasión, podemos transformar incluso las situaciones más difíciles en oportunidades para crecer y sanar.

Carta Compromiso del Cuidador Principal

Querido familiar o cuidador:

Entiendo que el viaje que has emprendido como cuidador principal está lleno de desafíos, sacrificios y momentos que pueden parecer abrumadores. Este rol que has asumido requiere de una fuerza y una resiliencia que pocos comprenden. Sin embargo, también sé que dentro de ti reside un amor incondicional que te impulsa a cuidar de tu ser querido con todo tu corazón.

Quisiera invitarte a hacer un compromiso, no solo con aquellos a quienes cuidas, sino también contigo mismo. Este compromiso es un recordatorio de que, para poder cuidar de los demás, es esencial que también te cuides a ti mismo. Tu bienestar es fundamental para poder brindar el amor y la atención que tus seres queridos necesitan.

Compromiso del Cuidador Principal:

Yo, [_________________________], me

comprometo a:

____

1. Cuidar de mi bienestar físico, emocional y mental, reconociendo que solo puedo cuidar de los demás si estoy en un estado saludable.

2. Pedir ayuda cuando lo necesite, entendiendo que no puedo hacerlo todo solo y que está bien aceptar apoyo de familiares, amigos o profesionales.

3. Tomar descansos regulares para recargar mis energías y evitar el burnout, sabiendo que tomar tiempo para mí no es egoísta, sino necesario.

4. Hablar abiertamente sobre mis sentimientos y preocupaciones, buscando apoyo emocional cuando lo necesite y compartiendo mis cargas con aquellos en quienes confío.

5. Mantener un equilibrio en mi vida, procurando momentos de alegría, relajación y disfrute personal, sin olvidar mis propias pasiones e intereses.

6. Buscar información y recursos que me ayuden a mejorar mis habilidades como cuidador, para poder brindar el mejor apoyo posible a mi ser querido.

7. Tratarme a mí mismo con amabilidad y compasión, recordando que soy humano, que puedo cometer errores, y que estoy haciendo lo mejor que puedo en una situación difícil.

8. Honrar el amor que me impulsa a cuidar, permitiéndome sentir orgullo por la labor

que realizo, y reconociendo el impacto positivo que tengo en la vida de mí ser querido.

Al firmar esta carta, me comprometo a cuidar de mí mismo(a) tanto como cuido de mi ser querido, sabiendo que solo a través de este equilibrio puedo continuar brindando el amor y el apoyo que ellos necesitan.

Con amor y respeto,

Nombre: [________________________]

Firma: [____________________]

Fecha: [________________]

Cuestionario de Autoanálisis para Descubrir

Padece de Burnout el Familiar o Cuidador Principal

Este cuestionario te ayudará a evaluar si estás experimentando síntomas de burnout debido a las responsabilidades de cuidar a un ser querido con una enfermedad mental.

Instrucciones: Lee cada pregunta cuidadosamente y responde con sinceridad. Marca "Sí" o "No" para cada pregunta.

1. ¿Te sientes constantemente fatigado, incluso después de una noche de sueño?

2. ¿Has notado que te irritas con más facilidad últimamente?

3. ¿Te sientes emocionalmente agotado o vacío la mayor parte del tiempo?

4. ¿Encuentras difícil disfrutar de las actividades que solías disfrutar?

5. ¿Te sientes abrumado por las tareas de cuidado al punto de no saber por dónde empezar?

6. ¿Tienes dificultades para concentrarte o tomar decisiones?

7. ¿Experimentas cambios en tus patrones de sueño, como insomnio o dormir en exceso?

8. ¿Te sientes desconectado o indiferente hacia el ser querido que cuidas?

9. ¿Has notado un aumento en dolores físicos, como dolores de cabeza o problemas digestivos, sin una causa aparente?

10. 10¿Sientes que no puedes hablar con nadie sobre lo que estás pasando?

11. ¿Has perdido interés en mantener relaciones sociales o

familiares?

12.   ¿Te encuentras comiendo más o menos de lo habitual?

13.   ¿Sientes que nunca tienes tiempo para ti mismo?

14.   ¿Te has sentido desesperanzado o sin salida en cuanto a tu situación como cuidador?

15.   ¿Te cuesta trabajo pedir ayuda o delegar tareas a otros?

16.   ¿Sientes que no tienes control sobre tu vida debido a tus responsabilidades de cuidado?

17.   ¿Has considerado dejar de cuidar a tu ser querido debido al estrés?

18.   ¿Experimentas sentimientos de culpa por no hacer lo suficiente, o por no tener la paciencia que crees que deberías tener?

19.   ¿Te has vuelto más crítico

contigo mismo o con los demás?

20.   ¿Sientes que has perdido el sentido de quién eres fuera de tu rol como cuidador?

Interpretación:

- Si respondiste "Sí" a más de la mitad de estas preguntas, es posible que estés experimentando síntomas de burnout. Considera hablar con un profesional de salud mental y buscar formas de aliviar el estrés y cuidar de tu propio bienestar.

Cuestionario de Autoanálisis

para Detectar Signos de Enfermedad Mental en un Familiar

Este cuestionario te ayudará a evaluar si un ser querido podría estar mostrando signos de una enfermedad mental.

Instrucciones: Lee cada pregunta cuidadosamente y responde con sinceridad. Marca "Sí" o "No" para cada pregunta.

1. ¿Tú ser querido ha mostrado cambios extremos en su estado de ánimo, como euforia seguida de depresión?

2. ¿Ha perdido interés en actividades que antes disfrutaba?

3. ¿Se aísla socialmente, evitando el contacto con amigos y familiares?

4. ¿Ha manifestado pensamientos de

desesperanza, inutilidad o culpa excesiva?

5. ¿Experimenta cambios en sus hábitos de sueño, como insomnio o dormir demasiado?

6. ¿Ha tenido cambios en el apetito o el peso sin causa aparente?

7. ¿Ha mencionado ideas paranoicas o muestra desconfianza extrema hacia los demás?

8. ¿Ha tenido episodios de pánico o ansiedad intensa sin motivo claro?

9. ¿Exhibe comportamientos compulsivos o repetitivos, como lavarse las manos constantemente?

10. ¿Se irrita fácilmente, mostrando reacciones desproporcionadas a situaciones menores?

11. ¿Ha mostrado un interés inusual en la

muerte o ha hablado sobre el suicidio?

12. ¿Tiene dificultades para concentrarse o recordar cosas importantes?

13. ¿Ha mostrado signos de delirios o alucinaciones, como escuchar voces o ver cosas que no están ahí?

14. ¿Ha experimentado episodios de despersonalización, sintiéndose desconectado de sí mismo o de la realidad?

15. ¿Muestra signos de depresión severa, como tristeza persistente o falta de energía?

16. ¿Se muestra excesivamente dependiente o muestra miedo irracional a estar solo?

17. ¿Tiene problemas para manejar el estrés, reaccionando de manera exagerada a situaciones difíciles?

18. ¿Ha tenido episodios de comportamiento violento o autolesivo?

19. ¿Ha mostrado una tendencia a acumular objetos o a no poder deshacerse de cosas que ya no necesita?

20. ¿Experimenta cambios repentinos en su personalidad, volviéndose alguien que no reconoces?

Interpretación:

- Si respondiste "Sí" a varias de estas preguntas, es posible que tu ser querido esté mostrando signos de una enfermedad mental. Es importante buscar la opinión de un profesional de salud mental para obtener un diagnóstico y tratamiento adecuados.

Espacio para tus Reflexiones

Utiliza estas páginas para anotar tus pensamientos, ideas o cualquier inspiración que hayas encontrado durante la lectura.

Tu Diario de Reflexiones

Este espacio es para ti. Escribe lo que más te haya impactado o los compromisos que quieras tomar a partir de lo que has leído.

____

____

____

____

____

____

____

____

____

Tus Notas y Reflexiones

Aquí tienes un espacio para capturar tus pensamientos y las lecciones que quieras llevar contigo.

Para Escribir tu Propia Historia

Estas páginas están aquí para que añadas tus propias reflexiones y cualquier idea que te haya inspirado en este viaje.

Agradecimientos

Este libro es un reflejo del amor, la fortaleza y el apoyo que he recibido de las personas más queridas en mi vida. A mi abuela Victoria, cuya sabiduría y amor han sido la luz que me ha guiado en los momentos más oscuros. Tus palabras y tu ejemplo han dejado una huella profunda en mi corazón, y por eso te estaré eternamente agradecida.

A mi padre, Pablo, quien, aunque ya no está físicamente conmigo, sigue siendo mi pilar. Todo lo que soy y todo lo que he logrado se lo debo a las lecciones de vida que me enseñaste. Tu amor me sigue acompañando, y me da la fuerza para seguir adelante.

A mi madre, Carmen, por su amor incondicional que nunca ha flaqueado. En cada desafío, has estado ahí, ofreciéndome tu apoyo y tu cariño. No hay palabras suficientes para expresar lo que tu presencia significa para mí.

A mis hermanos, Alex y Barnabi, por ser mis compañeros de vida. Juntos hemos compartido risas, lágrimas y un vínculo que no se puede romper. Gracias por estar siempre a mi lado, sin importar las circunstancias.

A mi hijo, Jessi, y a su hermosa familia, especialmente a mi nieta Jia. Ustedes son el latido de mi corazón y la razón por la que sigo buscando ser mejor cada día. Su alegría ilumina mi vida y me da un propósito renovado.

A mi esposo, Robert Siciliano, por ser mi roca y mi refugio. Has estado a mi lado en cada paso de este camino, ofreciendo tu amor y apoyo incondicional, incluso en los momentos en que yo misma dudaba. Gracias por creer en mí, por sostenerme, y por ser el compañero de vida que siempre soñé.

A mi familia extendida, cada uno de ustedes ha contribuido a formar la persona que soy hoy. Me han enseñado el verdadero significado de la resiliencia y la compasión. Sus historias, sus luchas y su amor son parte de mí, y por eso les agradezco profundamente.

Gracias a Dios, por ser mi guía y mi fortaleza. En Sus manos coloco este libro, con la esperanza de que toque el corazón de quienes lo lean, tal como Él ha tocado el mío.

Finalmente, a todas las personas que han cruzado mi camino, aquellas que me han ofrecido una mano amiga, y aquellas que, sin saberlo, me han hecho más fuerte. Este libro es para ustedes. Espero que encuentren en estas páginas un poco de consuelo, de esperanza, y la certeza de que, con amor, todo es posible.

Sobre la Autora

Mildred González, originaria de la República Dominicana, ha dedicado su vida a explorar y compartir el poder transformador del amor, especialmente en tiempos de adversidad. Con una formación en diversas disciplinas de crecimiento personal, ha trabajado incansablemente para entender y enseñar las complejidades del amor, la resiliencia y la capacidad humana para superar desafíos, particularmente en el contexto de las enfermedades mentales.

Mildred es la creadora del programa "De La Mano Contigo", diseñado especialmente para cuidadores principales. Su lema, "Debes Cuidarte para Poder Cuidar", refleja su compromiso de ayudar a quienes están en la primera línea del cuidado a encontrar equilibrio y bienestar personal. Como Coach en Programación Neurolingüística (PNL), Hipnosis, y Mentora Certificada en el Método de Expansión de Conciencia (MEC), Mildred utiliza una combinación de técnicas innovadoras como el Yoga de la Risa, Arte Terapia, y Mindfulness para guiar a sus clientes hacia una vida más plena y consciente.

A lo largo de su trayectoria, Mildred ha desarrollado un enfoque único que combina el amor incondicional con una profunda fortaleza interior, ayudando a otros a encontrar luz incluso en los momentos más oscuros. Su compromiso con el bienestar emocional de las personas la ha llevado a crear programas de apoyo, recursos prácticos, y ahora, este libro, en el que plasma su sabiduría y experiencia con el propósito de ofrecer una guía para quienes enfrentan retos similares.

Conocida por su calidez, empatía y habilidad para conectar profundamente con los demás, Mildred inspira a sus lectores a abrazar el poder del amor como una herramienta esencial para la sanación y la transformación personal. A través de su trabajo y sus programas, ha tocado la vida de muchos, y con este libro, espera seguir inspirando y apoyando a otros en su camino hacia la paz y la resiliencia.

Para seguir en contacto con Mildred y descubrir más sobre sus programas y recursos, puedes encontrarla en Instagram como @mildredgonzalez.coach y @mildredgonzalezcoach, o visitar su sitio web www.mildredgonzalezcoach.com.

Ella te invita a acompañarla en este viaje continuo, explorando juntos cómo el amor y el cuidado personal pueden ser la clave para superar cualquier adversidad.